Dr. HASAN A. YAHYA

الحب والأبراج
Al- Hub wal-Abraj

Love &
Horoscope

حسن يحيى

حول المؤلف

الدكتور حسن يحيى كاتب وأديب وعالم ـ أميركي من أصل عربي ، له عدة مؤلفات وعشرات المقالات حول المجتمع والسياسة والنفس البشرية . ألف عددا من الكتب تتضمن أربعة دوانين من الشعرهي : ديوان القدر وديوان بحر الأماني ، ولولاك ورابع باللغة الإنجليزية ، وفي هذا الكتاب يقدم مجموعة مقالات نفسية واجتماعية حول الأحلام والحظ في كتابين منفصلين ضمن هذا الكتاب ، مما يفيد القراء بما فيها من الخيال الفياض المليء بالحكمة والمرح والفكاهة والمعرفة .

Graduated from Michigan State University with two Ph.D degrees, Dr. Hasan Yahya trained as a social scientist, in sociology, psychologist, and educational philosophy. He lived and worked in and out of the United States, and visited many countries. His research covers social, political, and psychological areas. He was involved in social behavioral change. He published 29 books, and wrote 220 plus articles on articlesbase and other sites.

This book gives some answers about Horoscopes in human life. Dr. Yahya is the author of *Personality and Stress Management, , Arab Palestinians and Jews: Sociological Approach, Crescentology: Theory C.* of Conflict Management for Cultural Normalization. "*The Beast in Me, America.*" And "Legal Adultery:Sexuality & World Cultures," Dr. Yahya, has three sons, one daughter and so far, he has eight grandchildren.

Dedication

To All Women

Contents

تقديم

هذا الكتاب يتحدث عن موضوع شيق هو الحظ والحب والأبراج . وقد كثرت الكتابة في هذا المجال. وهو يضيف معلومات خاصة للشباب ليقارنوا ما تقوله الأبراج حول حظوظهم . وقد أضفت إليه مقالات حول جمال الزوجات والحب وصفات الرجل الخلوق ومقال حول السعادة البشرية منذ خلق الإنسان على هذه الأرض. كما شرحت بعض التغيرات الحاصلة في زماننا نظرا للتطور التكنولوجي .

المرأة وقراءة البخت

التوجه الى قراءة البخت والاهتداء بها في كل مجال من مجالات الحياة. منها أن قراءة الحظ تجعل المرأة أو المرء متفائلين. كما تفتح آفاقا جديدة من المرح والنشاطات بين الشباب لقراءتها والتندر بها في اجتماعاتهم . فالحياة مملة اذا لم تكن هناك لحظات للتندر والفكاهة فيها. أكثر من ثمانين بالمئة من الناس في العالم الصناعي يعرفون اشارة ميلادهم ولا تفوتهم الفرصة لقراءة الحظ في رحلاتهم أو أوقات فراغهم في الجرائد والمجلات التي يقرأونها. ان الناس الذين يطلعون على المعلومات الموجودة في هذا الكتيب والخاصة بالحظ هم أقدر على فهم الحياة من غيرهم ممن لا يهتمون بقراءة الحظ. ذلك لانهم منفتحون على المعرفة وهم اجتماعيون ويحبون المشاركة في النشاطات الفكرية والرياضية. والحياة

ليست سهلة حتى نفصلها لمقاسنا ففيها من المصاعب والمشاكل مالا يستطاع حمله اذا سلم المرء نفسه للأوهام السلبية ولم يحاول التغلب على هذه الصعاب وتحويلها لصالحه. فمن منا لا يريد أن يكون كاملا؟ ومن منا لا يريد أن يكون موفقا في غرامه أو عمله أو زواجه؟ ومن منا لا يريد أن يكون محبوبا من معارفه وأهله ومحبيه؟ ومن منا يكره أن تكون له علاقات ايجابية مع الآخرين؟ ففي أحيان كثيرة يكون تصور الكمال كمال. ويكون تصور الحب حبا. وتصور العطف عطفا. وتصور السعادة سعادة. والتفاؤل كثيرا ما حل المشاكل التي تعترض البشر. بينما التشاؤم يزيد المشكلة تعقيدا. وكما قيل: انظري دائما الى الماء الباقي في الجزء الأسفل من الكأس وليس الى الجزء الفارغ الأعلى من الكاس. فالحياة رغم صعوبتها فهي جميلة . وجمالها في وجود المشاكل فيها. لأننا سنقبل التحدي ونعمل جاهدين على حل هذه المشاكل التى تعترض سبيلنا. فالحياة بلا مشاكل تكون مملة . وحياتنا أفضل من حياة من سبقونا. اسألوا الآباء والأمهات والأجداد والجدات عن صعوبة الحياة في أيامهم. وكم تعبوا وكافحوا للتغلب على مشاكل أيامهم. فقد قبلوا التحدي وصارعوه حتى وفروا لكم الحياة الحرة الكريمة وحتى كبرتم وتهيأت لكم أسباب الراحة والسعادة.

تقسيم الأبراج وأسمائها

مواليد الحمل	من 22-3 الى 20-4
مواليد الثور	من21-4 الى 20-5
مواليد الجوزاء	من 21-5 الى 20-6
مواليد السرطان	من 21-6 الى 21-7
مواليد الأسد	من 22-7 الى 22-8
مواليد العذراء	من 23-8 الى 22-9
مواليد الميزان	من 23-9 الى 22-10
مواليد العقرب	من 23-10 الى 21-11
مواليد القوس	من 22-11 الى 21-12
مواليد الجدي	من 22-12 الى 21-1
مواليد الدلو	من 22-1 الى 19-2
مواليد الحوت	من 20-2 الى 21-1

مفاتيح الأبراج

اذا لم تعرف برجك ، انظر الى مفتاح الأبراج أدناه ، ثم انظر ما تحت البرج من تفسيرات وشرح في مجالات الحب والصحة والثروة. ويمكنك مقارنة برجك ببرج فتاة أحلامك أو ببرج اخوتك أو برج مدرسيك أو أقرانك. وستجد أن العملية مفيدة فهي تساعدك على التفاعل مع الآخرين وتظهر بمظهر الانسان المقبول اجتماعيا. والذي يساعد الآخرين على قفز عقبة الملل والحيرة والكسل.

مواليد الحمل	من 22-3 الى 20-4
مواليد الثور	من21-4 الى 20-5
مواليد الجوزاء	من 21-5 الى 20-6
مواليد السرطان	من 21-6 الى 21-7
مواليد الأسد	من 22-7 الى 22-8
مواليد العذراء	من 23-8 الى 22-9
مواليد الميزان	من 23-9 الى 22-10
مواليد العقرب	من 23-10 الى 21-11
مواليد القوس	من 22-11 الى 21-12
مواليد الجدي	من 22-12 الى 21-1
مواليد الدلو	من 22-1 الى 19-2
مواليد الحوت	من 20-2 الى 21-1

الحب والغرام والأبراج

تستطيع دراسة الأبراج أن تحدد لكم أي الاشارات مهمة في حياتكم. وقد تلاحظون أن مجموعة أصدقاء ينتمون الى نفس الاشارات. ولا نقع عادة في حب شخص ينتمي الى نفس الاشارات. ولكن من نحب لهم أو لهن نفس الاشارات تقريبا. وتستطيع الأبراج أن تحدد لكم كذلك الحس الشخصي بأن هناك شخص متميز يتقرب منكم. كما تستطيع الأبراج أن تؤكد أن حدسكم تجاه شخص معين صحيحا. وحين تعلم أن الوقت مناسب للبحث عن الحب فانك تنظر الى الآخرين بطريقة مختلفة. ومع أن أي علاقة حب قوية قد تعترضها بعض الصعوبات الا أنه لا يجب اليأس ولتنتظروا متى تحدد الأبراج عودة ذلك الحب أو ايجاد حب جديد. وتعطيكم الأبراج فرصة البحث عن شريكة أو شريك الحياة بتأني وصبر. فلا تيأسوا من محاولة البحث دائما وستصلون الى ما تريدون.

برج الحمل Aries
(21مارس-آذار الى 20 نيسان-أبريل)
اشارته النار (المريخ)
لمواليد برج الحمل

ان نبضات القلب عند مواليد برج الحمل أكثر ما تكون سعادة عند الشعور والعواطف العميقة. وفي هذا العام تزيد هذه السعادة عن المعتاد. حياتكم العاطفية تمر بسرعة هذا الاسبوع. قصص الحب تعترض سبيلكم في شهري مارس وسبتمبر أكثر من أي وقت آخر. فكونوا لطفاء حين تأتي الفرصة والا ضاعت منكم. وعندها ستأسفون على ضياعها. قبل نهاية العام وفي نوفمبر بالذات ستلتقون مع أشخاص

من برج الأسد. وستكون لكم علاقات ناجحة مع مواليد برج القوس والميزان والجوزاء.

للذكر من مواليد برج الحمل أنت شخص تحب الطريقة المباشرة في علاقة الحب. وتحب أن تكون حبيبتك نشيطة في الحركة وسرعة الاجابة. فاذا استطعت أن تضغط على نفسك قليلا فستجد شريكا يجعلك تشعر بأنك أمير. ولكن ذلك يحتاج منك بعض التضحية والعمل الا أن النتائج ستكون عظيمة. اذا كانت شريكتك من مواليد برج الحمل فان مواعيدك ستنتظم لك وستكون شريكتك منافسة لك فلا تضغط عليها والا كان رد فعلها قويا وسريعا فكن حكيما في معاملتها. أنها تحب أن يطلب شريكها ودها فاختر أفضل الأوقات عندها لتطلب منها ما تشاء . وستلقاها نهرا من الحب والحنان. أفضل الأشهر هو اغسطس.

للأنثى من مواليد
برج الحمل

انك تشعرين وتتصرفين كأنك لاتعتمدين على أحد. اذ عندك ثقة في نفسك. وتحبين أن تكوني في مركز القيادة. ولكنك تعرفين ما تعملين جيدا. تأخذ وظيفتك منك وقتا ليس قصيرا في الأشهر الخمسة الأولى من هذه السنة. الا أنك في الربع الأخير تجدين الوقت

لنفسك لتجددي علاقاتك الشخصية. اذاكان شريكك من مواليد برج الحمل فعليك بتسهيل طلباتك منه في البداية. وكلما مضى الوقت في حبه تستطيعين أن تطلبى ما شئت منه وسيكون سعيدا لتلبية طلباتك. وهو من النوع الذي يحب أن تحترمه المرأة وأن تضعه في مكانه المحترم عند اللزوم. وحاولى أن تدعيه للعشاء خارج البيت وسترين ما سيحصل.

برج الثور
Taurus
(من 21 نِيسان الى 21 أيار-مايو)
اشارته الأرض الساكنة (فينوس)

لمواليد برج الثور

الحب شيئ مهم في حياة مواليد برج الثور. وهم حذرون في كشف عواطفهم لأنهم يتأثرون اذا قوبلوا بالرفض. لا تأخذ الحب من أول نظرة بجدية والا فستقع في مشاكل لا حصر لها. فتأنى قبل البوح بما في نفسك لشريكك.   قد تجد الحب مع مواليد برج العقرب أو برج الحمل في يونيو أو يوليو هذا العام. وتشعر بالسعادة مع مواليد برج العذراء والسرطان والجدي.

للذكر من مواليد برج الثور

14

أنت تطرق الحب مباشرة كما تطرق أي شيئ آخر في حياتك. فتذكر أن ما يمكن عمله في التجارة لا يجوز في الحب. دع الطرف الآخر يعلم مدى شعورك له. اترك نفسك على سجيتها فذلك أفضل حالاتك للبوح بما في قلبك. قد تجد الحب الذي تنتظره في حفلة أو معرض كتاب.

اذا وقعت في حب امرأة من مواليد الثور فاقتنص الفرص لجعلها آمنة في علاقتها معك. فهي تؤمن بالثقة . فلا تجعلها تفقد ثقتها فيك. ولكي تفوز بقلبها رافقها الى مطعم وناولها ضمة ورد فهي تحب أن تشمه خاصة من الورد الذي لا يذبل سريعا. فهي تحب الأشياء التي تدوم. وما عليك سوى الاهتمام بالهدايا.

للأنثى من مواليد برج الثور

انت تحبين اذا كان هناك من يفكر فيك. وتبقين مع أشيائه. وبما أنك من مواليد برج الثور فأنت تحبين الطبيخ الجيد. وستعرفين فورا أطباقه الشهية المفضلة. أنت ذات شخصية مبتكرة فابحثي عن شريك مثلك. وأنت بحاجة الى رجل يظهر لك عواطفه الجياشة.

اذا أردت أن تفوزي بقلب رجل من مواليد برج الثور فتعلمي أن تطبخي أطباقه المفضلة كنقطة بداية لبناء ثقته فيك. حاولي أن تقدمي له مخدة ليضعها خلف ظهره وهو جالس على كرسيه وهذا سيزيد مقامك في حياته. عانقيه كلما احتاج ذلك حتى لو لم يسأل.

برج الجوزاء
Gemini
(من 22 أيار الى 21حزيران-يونيو)
اشارته الهواء المتحرك (الزهرة)
لمواليد برج الجوزاء

مواليد هذا البرج كالفراشة. ينتقلون من علاقة حب الى علاقة أخرى بدون أن يبنوا علاقات دائمة. ولكن عندما يجدون الحب الحقيقي فانهم يستقرون. وتحبون الطرف الآخر يقوم بنفس الشيئ. وبتركيز البرج حول العاطفة فان الحب عادة ما يوجد قريبا من عيد الميلاد لمواليد البرج. أفضل الفرص تجدوها مع مواليد برج الدلو وبرج الميزان. وقد تحب من برج الأسد أو الحمل.
العلاقة العاطفية تساهم في اضفاء نكهة مميزة على حياتك.

للذكر من مواليد برج الجوزاء

مواليد هذا البرج من الرجال هم أكثر الرجال في بناء علاقات حب. فكل منهم زير نساء اذا حسن العبير. تحب أن يكون لك علاقات مع عدد من النساء للفوز بقلوبهن والتباهي بذلك. رغم أنك دائما مخلص. فانك ستستقر اذا وجدت الفتاة المناسبة. وتحب أن يقتصر حبها عليك فقط من دون العالمين.

اذا كنت في حالة حب مع واحدة من مواليد الجوزاء فعليك أن تحافظ على تعادل عواطفك. فلمسة ناعمة هي الدواء والا فانك تبحث عنها فلا تجدها. فكر في أشياء تجعلها مشغولة بها واذا سافرت معك الى أماكن لم تكن زارتها من قبل فانها ستكون طوع أمرك فيما تشاء.

للأنثى من مواليد برج الجوزاء

أنت تحبين جلب الانتباه لنفسك. مع أنك قد تكتفين بابتسامة. وتحبين أن تكوني محبوبة. وتبحثين عن طرق عديدة للحفاظ على من تحبين. وفي رأيك لا يدوم شيئ. ولكنك لا تحاولين التأكد من أن الطرف الآخر يحبك.

فاذا حصلت على رجل من مواليد برج الجوزاء فاتركي له مجالا للحيرة حول حبك له. والا تسلل الملل الى حياته وهام على وجهه باحثا عن حب آخر. عرفيه أنك واقعة في حبه ولا توهميه بأنك لن تحبي غيره. تنافس قليل لا يزعج اذا كنت في حب مع برج الجوزاء.

برج السرطان
Cancer
(من 22 حزيران الى 23 تموز-يوليو)
اشارته الماء (القمر)
لمواليد برج السرطان

كلا الرجل والمرأة من مواليد برج السرطان يحبون الرعاية لمن يحبون. بعواطفهم وتفهمهم يستطيعون ايجاد أحبابهم. وتتفق بقوة مع مواليد الحوت والعقرب. لا تقلل من أثر مواليد الجدي الذين يمكن أن يقفوا في طريقك ولكن الأضداد كثيرا ما تلتقي.

للذكر من مواليد برج السرطان

برج السرطان هو أكثر الأبراج المتصلة بالنساء. ولديك قدرة عجيبة على فهم النساء. وقليلا ما تخسر في علاقاتك مع النساء. لديك مثاليات وعندك القدرة على البحث عن الطرف الآخر حتى تجد ها. أنت

جاهز للاستقرار والبقاء مجنونا للحب حتى نهاية عمرك.

واذا كنت من محبي امرأة من برج السرطان فهي ابنة القمر تحب أن تراك ومعك ضمة ورد وتقول لها: احبك يا ..... فلانة. وهي تقدس مناسبات الحب ز وبقدر ما تستطيع أن تعبر عن حبك بقدر ما تسعد معها.

للأنثى من مواليد برج السرطان

مع القمر كقائد لك فان حياتك العاطفية مليئة بالطلعات والنزلات. وعندما تقررين أنك في قصة حب قدمي ما استطعت للطرف الآخر حتى لا يتركك ليعيش مع أخرى. وتذكري أن تدعيه يعمل ما يشاء فهو يحب مثلك أن يكون له مكان وزمان يبتكر فيهما ما يشاء.

واذا كنت مغرمة برجل من مواليد برج السرطان فهناك عدة طرق لتقوية علاقاتك به. أولها أن تكوني طباخة ماهرة فله ذوق ممتاز. ويكون من الأفضل أن تتقربي من أسرته فهو يحترم آراءهم فاذا احبوك زاد حبه لك. وله عادات كالعزلة أحيانا فاحترمي عزلته وقدمي له ما يحتاج بدون طلب منه فهو يقدر هذه اللفتات البسيطة.

برج الأسد
Leo
(من 24 تموز الى 23 آب-أغسطس)
اشارته النار الساكنة (الشمس)

لمواليد برج الأسد

عادة ما يملك الأسد القلوب ولهذا فانك تشعر بأنك قريب في مجال الحب. تحب اظهار عواطفك لها أو له بشتى الطرق. يصل الحب الى قمته في فصل الربيع. وخاصة مع برج الحمل. وقد تتصل ببرج الميزان. ولكن أفضل العلاقات تبنيها مع مواليد برج القوس وبرج الدلو.

للذكر من مواليد برج الأسد

تحب أن تكون في مركز الانتباه. ولكنك عرفت بأنك تطارد فتاة لاتعيرك انتباها. تحب ملاحقة الفتيات. ولكن حين تقع في الحب وتنال الرضى فان الاخلاص على قائمة الأولويات. وتصر على العفاف.
اذا أحببت أن تكون حبيبتك من مواليد برج الأسد فحضر هداياك. فمواليد برج الأسد يحتاجون رعاية على مستوى راق. قبلة على اليد قد تكون التذكرة الى القلب. مواليد الأسد يحبون أن يظهلروا بأنهم حالات خاصة. لا تجعل نظرك يبتعد كثيرا وأنت معها في السهرة.

للأنثى من مواليد برج الأسد

أنت لا تخافين من أن تضعي قلبك في كمك. لذلك عندما تحبين أحدا فانه يعرف ذلك. وعادة ما تقعين في الحب من أول نظرة. حياتك العاطفية نشيطة. تسطع شخصيتك هذا الصيف. وستنالين كثيرا من الانتباه.
اذا نال أحدهم قلبك من مواليد برج الأسد. فعليك اعطاؤه الوقت الكافي ليكون محل الانتباه. وأشعريه أنك تحبينه رغم الخلافات الفكرية بينكما.

برج العذراء
Virgo
(من 24 آب الى 23 أيلول-سبتمبر)
اشارته الأرض المتحركة (الزهرة)

لمواليد برج العذراء

مواليد هذا البرج يحبون أن يلعبوا بالعواطف دون تورط في الحب. ولكن هذا من الصعوبة بمكان في مجال الحب. عليك أن تطوري العلاقات مع بقاء الايمان في نفسك حتى تجدي الحب الذي تريدين. أغلقي عينيك وانتظري وسيأتيك الحب هذا العام. وقد يكون المرشح أو المرشحة من مواليد برج الحوت وهو عكس برجك تماما. وترتاحون مع مواليد الثور والسرطان والجدي.

للذكر من مواليد برج العذراء

الرجال من مواليد برج العذراء لا يتزوجون عادة. لأنه من الصعب عليهم ايجاد الفتاة المثالية. وهم عاملون نشطون في أماكن عملهم. وقل أن يشاهدوا نساء الا في محيط العمل. عليهم أن يوسعوا من دائرة معارفهم للبحث عن رفيقة العمر. وعادة ينجذب اليهم مواليد برج القوس.

المرأة من مواليد هذا البرج عادة ما تكون عملية وعاطفية. فاذا اقتنعت أنك هادئ ومستقر ولك بيت فانها ستشعر بالاطمئنان لأنها تحب الوقوف على أرض صلبة دائما. ولا يخسر من تكون من نصيبه رفيقة عمر.

للأنثى من مواليد
برج العذراء

تحبين أن تأخذي وقتك لمعرفة شخص معين فاذا فشلت في الحب فانك تنظرين الى علاقة دائمة متوجة بالزواج وليس الى علاقة قصيرة. تذكري أنك لا تستطيعين خلق الفرص من أجل بناء علاقة حب. ولكن اقتنصي الفرصة حين تأتي.

اذا كان نصيبك من مواليد برج العذراء فاتركي الأمور تسير كما يريد هو. فهو حساس جدا. فاذا اندفعت اليه فانه سيخاف ويفكر ثانية في العلاقة

بينكما. واذا لم تعطيه الانتباه اللازم ربما اعتقد أنك لا تهتمين به. فكري في طرق تحتالين فيها لتوهميه بحبك حتى تملكي عواطفه. ثم العبي به كما تشائين بعد دخول المصيدة.

برج الميزان
Libra
(من 24 أيلول الى 23 تشرين أول-أكتوبر)
اشارته الهواء(فينوس)

لمواليد برج الميزان

اشارة الميزان اشارة شراكة. وكنتيجة ينظر مواليد
هذا البرج الى علاقات متكافئة وطويلة الأمد عند
اللقاء الأول. عليكم التأكد من أن الطرف الآخر له
نفس المثاليات والأفكار. يلاقي مواليد برج الميزان
الشخص الذي يبحثون عنه وهو أو هي من مواليد
برج الثور أو الحمل. أفضل الأشهر عندهم أبريل
ومايو.

للذكر من مواليد برج الميزان

عليك ابداء عواطفك لمن تحب فورا. فأنت تحب النساء و خاصة الجميلات منهن. عليك التأكد من أن من تحبه يعرف ذلك والا وقعت في مشاكل لا حصر لها. لأنها تعرف أنها مساوية لك.

اذا وقعت في حب فتاة من مواليد برج الميزان فانتبه لنفسك فهي لا تحب ذي الوجهين أو أكثر. وهي تحب المخلص في حبها كما تحب الورد والزهور وخاصة الياسمين. لمسة حنان منك مع وردة تجعل السعادة ترفرف في عشكما طويلا. ذكرها دائما بأن جمالها لا يخبو مع الأيام.

للأنثى من مواليد برج الميزان

تحاولين جلب الانتباه لنفسك وتهتمين بمظهرك العام كثيرا. وأفضل حالاتك حين تكونين جزءا من مجموعة. تحبين اصلاح الأمور في كثير من الأحيان. ولكنك لاتوافقين مع الطرف الآخر بسهولة. ليس من السهل عليك الوقوع في حب فتى الأحلام من مواليد برج الميزان حتى وان كانوا ظرفاء ومظهرهم حسنا. فهم لا يتخذون قرارات سريعة لأنهم اذا اتخذوا قرارا كان صائبا. كوني معه كما يريد وستكتشفين حبه لك وأهميتك عنده. فاذا عرف

أنك تبادليه الحب فان الزواج هو النتيجة الحتمية لعلاقتك به.

برج العقرب
Scorpio
(من 24 تشرين أول الى 22 تشرين ثاني-نوفمبر)
اشارته الماء الساكن (بلوتو)

لمواليد برج العقرب

برج العقرب يدل على العواطف الجياشة والغموض في الحياة. وبمساعدة جوبتر في مداره سيكون الحب في طريقه اليكم. تجدون المساعدة من مواليد برج السرطان والحوت وكذلك من برج الثور. وقد تقع في حب شريك من مواليد برج القوس.

للذكر من مواليد برج العقرب

تحب فكرة قربك من النساء حتى ولو لم تحبهن. عندما تحاول فتاة معرفة موقفك تشعر بأن حريتك قد

ديست. تحب الانعزالية وادارة شئون عواطفك بنفسك. عليك شرح ما في نفسك في مراحل الحب الأولى. فاذا وقعت فانك تحب بجنون.

اذا وقعت في حب فتاة من مواليد برج العقرب فأنت مثلها تحب الغموض والسحر. فاذا فقدت سحرك ستذهب للبحث عن غيرك. كثر من مالك للصرف عليها فهي تحب الكرماء الذين يصرفون على النساء. وهي ممن يحبون السفر والسفر كما تعلم يحتاج مصاريف. فاذا لم تكن في مستوى الصرف فتنح من طريقها مبكرا يا شاطر.

للأنثى من مواليد برج العقرب

عندما تكونين مهتمة بشخص فانك تلاحقينه حتى ولو لم تكوني متأكدة من عواطفه. غموضك يشمل علاقاتك العاطفية. فمن يقع في حبك لن يعرف كل شيئ عنك. لأنك تحتفظين دائما ببعض أسرارك. ولكن من يقع في حبك لن يسأم طيلة حياته.

اذا وقعت مع رجل من مواليد برج العقرب فاقبلي التحدي. فهو عاطفي يحب اظهار عاطفته في كل حين. وهو مزاجي متقلب الا أنه يعود الى طبيعته السمحة فاذا عاد فانك تعيشين معه أجمل أيام عمرك.

برج القوس
Sagittarius
(من 23 تشرين ثاني الى 21 كانون أول-ديسمبر)
اشارته النار المتحركة(جوبتر)

لمواليد برج القوس

برج القوس يعني ركوب الصعوبات وأنت تحب المشاكل لكي تحلها. وبطبيعتك الكريمة وحبك لأوقات المرح فانه يصعب عليك أن تقاوم الفرص. ستجد حبا في اغسطس أو أكتوبر. وأصحابك الخلص مو مواليد برج الحمل وبرج الأسد. احترس من مواليد برج العذراء.

للذكر من مواليد برج القوس

أنت تحب العمل والحركة والناس والأقات السعيدة. لذا فانك تبحث عن فتاة تحب السفر والتجوال وقضاء الوقت الممتع. فعليك اختراع مناسبات السفر. اذا

وقعت في الحب فانك تحترم المرأة التي تشاركك أخلاقياتك ومثالياتك.

أفضل سياسة تتبعها في الحب هي أن تكون صادقا وأمينا مع من تحب من مواليد برجك. فهي تحب الحقيقة ولو كانت مرة. فلا تلف ولا تدور. وحدسها قوي يساعدها على معرفة ما اذا كنت كاذبا أم لا. اذا كنت تحب الترحال فالفتاة من مواليد هذا البرج تكمل سعادتكما. وعليك أن تسعى اليها لأنها لن تسعى اليك.

للأنثى من مواليد برج القوس

تحبين شريكا يحب الرياضة والخروج من المنزل. تتمتعين بمعرفة عدة تقاليد وقد تتزوجين من غير عائلتك أو بلدك. ونظرا لحبك للسفر والترحال فانك تعيشين سعيدة أينما كنت. وستجدين بعض الصعوبات مع من لا يحترم رغباتك.

نظرا لأنك متسرعة، عليك اعطاء الوقت الكافي للرجل من مواليد برج القوس ليقع في حبك. ومن حسن حظك أنه يرد الجميل سريعا. ويعرف أهمية الحرية فلا تضغطي على حريته. اعطه جوابا مباشرا وسريعا لأسئلته. واذا احترمت أصدقاءه ومعارفه فان حبه لك يتضاعف وسيكون مع الأيام مثل الخاتم في اصبعك.

برج الجدي
Capricorn
(من 22 كانون أول الى 20 كانون ثاني-يناير)
اشارته الأرض (عطارد)

لمواليد برج الجدي

رغم أن سمعتك انك ثقيل أو ثقيلة الا أنكم تحبون تنمية العلاقات مع الجنس الآخر. تثمنون عملكم كثيرا ولذلك تختارون شريكا قد يعمل معكم في المستقبل. يكون الاختيار الكامل للطرف الآخر من مواليد برج الثور أو العذراء واذا كنتم رومانسيين كثيرا فان الاختيار الكامل يكون من مواليد برج السرطان.

للذكر من مواليد برج الجدي

معظم مواليد هذا البرج عزاب لأنهم لا يساومون في الحب. عندك تصور معين حول فتاة الأحلام. فهي جميلة وعاقلة وهاتان الصفتان تجعلها تحصل على ما تشاء منك. وهي تقف وراءك تشجعك على العمل الذي تقوم به.

لن يكون من السهل عليك الفوز بفتاة من مواليد برج الجدي. لأنه من الصعب أن تبوح لك بما في قلبها بسرعة. فاذا قدمت لها أنك مستعد وبرهنت لها أنها ستكون في مأمن للاعتماد عليك فانك تكون قد قطعت نصف الشوط الى قلبها. أعطها الفرصة للتحدث عما في نفسها وما تريده. لأن الشعور بالأهمية ركن هام في سعادة مواليد هذا البرج.

للأنثى من مواليد برج الجدي

أنت مجذوبة جدا الى المال والقوة. ومعروف عنك أنك تقعين في حب رئيسك في العمل سواء كان متزوجا أو لا. تحبين من بيدهم القوة على الضبط والقرار ولكنك لا تحبين أن تعاملى معاملة الآخرين. واذا أردت منه أن يكون رومانسيا فعليك أن تكوني رومانسية أيضا.

للحصول على حب رجل من مواليد برج الجدي تعلمي أن تري الأمور من وجهة نظره. فهم يتحكمون في الأمور فاذا كان هناك تجاوب كان به

والا فاتركي ما تحاولين. وكلما كانت العلاقة بينكما في بدايتها عليك أن تحددي قواعد تصرفاتك حتى يفهمك. فهو يحترم قوانين العمل وسيحترم طموحك ونشاطك لأن هذه من صفاته عادة.

برج الدلو
Aquarius
(من 21 كانون ثاني الى 19 شباط-فبراير)
اشارة الهواء الساكنة (أورانوس)

لمواليد برج الدلو

تملأ حياتك بالناس مما يكون له أثر سيئ اذا أرادك الطرف الآخر لنفسه أو لنفسها. على كل من يقع في حبك أن يتعامل مع الناس القريبين منك في حياتك اليومية. ستكون أكثر حرية في ممارسة الحب خاصة مع مواليد برج العذراء وبرج الميزان. ويمكن أن تتقرب من مواليد برج الحمل والأسد كذلك.

للذكر من مواليد برج الدلو

طريقتك في كل شيئ تقريبا تكون تشخيصية وحتى في الحب. عليك أن تتعلم كيف تشارك الآخرين بعواطفك. تحب أيضا أن تلعب بعواطف الآخرين. فاذا حصل ذلك فما عليك الا الانسحاب قبل أن تصبح الأمور جدية والا فستندم.

احدى الطرق للفوز بامرأة من مواليد برج الدلو أن تجعلها على علم بجوانب شخصيتك المتعددة. والا فانها ستشعر بالملل سريعا. فاذا أتيت بأشياء جديدة ومحيرة فانها ستحبك أكثر وترتمي بين ذراعيك بدون تردد. كن جاهزا لبعض المفاجآت الخاصة بك.

للأنثى من مواليد
برج الدلو

تحب أن يركز الآخرون عليك وعندك قوة على اختيار الطرف الآخر.. توصفين أحيانا بالأنانية وأحيانا أخرى بالمجنونة. ولكنك لا تهتمين لهذه الألقاب فأنت سيدة نفسك. تبحثين عن رجل ينافسك ولكنك ترفضين أن يدير حياتك.

أن تكوني في قصة حب مع أحد مواليد الدلو غير مشجع لك. لأنه يتجنب الحب ولا يشجع بناء علاقات عاطفية. احتفظي بحسك الكوميدي لنفسك. واشعريه بحريته في انتقاء الأشياء وشجعيه على الاستقلالية فهو يحب أن يكون مستقلا في قراراته وعلاقاته.

برج الحوت
Pisces
(من 20 شباط الى 20 مارس-آذار)
اشارته المياه المتحركة (نبتون)

لمواليد برج الحوت

تبني قصورا رومانتيكية في الهواء. والحب العظيم
أحيانا يصادف بعض الصعوبات. وعليك تحمل
تبعات الحب. قد تجد الحب مع صديق لك من مواليد
الجدي.
اشارات مواليد برج السرطان والعقرب وحتى
العذراء هي اشارات مشجعة في طريقك.

للذكر من مواليد برج الحوت

مواليد هذا البرج من أكثر الناس عاطفية ولا تدري ما تفعل بمشاعرك وعواطفك الجياشة. ابتكارك للمناسبات يعطي عواطفك فرصة للتمرين. تحتاج امرأة تدخل الى قلبك دون خوف من أن تستغل عواطفك الجياشة.

اذا كنت ممن يحبون امرأة من مواليد الحوت فأعطها كل ما في قلبك من حب وحنان. اذ انها لن تقتنع بأقل من ذلك. انها تحب كل قفشات الحب. واذا تذكرت كل الأيام المهمة في حياتها كأعياد الميلاد أو اللقاء الأول بينكما فانها ستغرم فيك. وربما ستواجه بعض الدموع الا أن أوقات السعادة ستكون أكثر.

للأنثى من مواليد برج الحوت

التفكير بأنك محبوبة يجعلك سعيدة جدا. لا أحد يؤمن بأن الحب سينتصر أكثر منك. تبحثين عن شخص يحقق أحلامك. ايجاد الحب الحقيقي هو منتهى سعادتك. وكل شيئ في حياتك يتوقف على ذلك. فاجعليه مقدما على كل شيئ.

الرجال من مواليد برج الحوت عاطفيون ويظهرون هذه العواطف لمن يحبون. ولكن في أغلب الأحيان تكون قصص الحب قصيرة. فاذا كنت عملية فستكونين الرابحة من ذلك. دعوته في منتصف الأسبوع للعشاء تجعله سعيدا جدا.

برجك هذا الأسبوع
إذا كنت من مواليد البرج التالي فابتسم

نقدم لكم ما تتوقعونه في الأسبوع الأول من كل برج ستتناسب مع ميلادكم .

الحمل: في العمل: لا تبخل على نفسك بساعات الراحة ، فالمستقبل يحمل لك جهودا زائدة. العوائق التي تعترض سبيل عملك ستزول .
في الاجتماع: انطباع تكونه عن أحدهم تثبت الايام صحته.
في السياسة: تطورات تجري في الخفاء ستجعل الامور تنتهي لصالحك فلا تيأس. واذا قمت بعمل ينبعي أن تنجزه على أفضل صورة. قد تصل الى مركز قوي وتعتمد على نفسك لا على الآخرين.

في الاقتصاد: تحسن في المواقف المالية. الاسئلة التي تشغل تفكيرك لن تجد لأجوبة لها فيما يدور حولك. وانما في خلفياته. حدسك قوي هذا اليوم. فاستمع الى ما يمليه حدسك.

الثور: في الاجتماع: الحياة قصيرة لتضيعها في نشاطات اجتماعية ليس لها معنى. العوامل النفسية الواقفة في طريقك تزول. التجارب الصعبة التي مرت بك في السنوات الماضية لم تذهب عبثا. بدليل انك تستفيد منها هذا اليوم. احتفظ بمرحك حتى ولو بدت الآفاق امامك ملبدة بالغيوم . اذ أن السحب ستنقشع قبل شروق شمس يوم غد. بل ان الواقع يقول ان هذا اليوم مناسب للتأكد من متانة صداقاتك، فالمخلصون لك يظلون الى جانبك.
في السياسة: أنت مرتاح اليوم لاتخاذ القرار العادل رغم ما لحقك من ضرر .
في الاقتصاد: توجيهات عنيفة فتقبلها بصدر رحب. يأتيك الكسب من خلال أصدقاء.

الجوزاء: في العمل: احترس من الدخلاء واجتهد في عملك. روح عن نفسك ولا تكن مدمنا على العمل.
في السياسة: يتأكد لك اليوم أن الكذب حبله قصير وأن الحقيقة تمزق ستار الزيف. يعلو شأنك وبامكانك مساعدة الآخرين. جاذبيتك قوية ويتجمع حولك أناس

يؤمنون بآرائك وقدراتك وطاقاتك. وتساعدهم أنت في اكتشاف ذلك.
في الاقتصاد: هذا اليوم مناسب للتعامل في التجارة والاستيراد والتصدير. ودراسة امكانيات عقد الصفقات الكبيرة. حاول تجئة العمل وسترى مدى انتاجك.
المتحرك :Mutable متغير ، متقلب، غير مستقر، قابل للتحول شكلا وطبيعة وصفة.

السرطان: في الحب: قلق يعتريك سرعان ما تزول آثاره. حب جديد يلوح في الافق اذا عرفت كيف تنتهز اللحظة المناسبة.
في العمل: اهمالك للأحوال الصحية ينذر بالخطر، بعض الأصدقاء يصدر منهم تصرف محرج.
في السياسة: دع الاضواء تتركز على غيرك في المساء. ينبغي ان تتحلى بالشجاعة وتقف مجاهدا دون رايك. وما تؤمن به وأن تدافع عن رغبتك في الاستقلالية. لا تسر مع التيار. وكون لنفسك تيارك الخاص. وستجد ان هناك من هو على اتم الاستعداد للسباحة فيه الى جانبك.

الاسد: في العمل: تبدأ حياة جديدة وتحقق نجاح في العمل.

في الاجتماع: نشاطات اليوم السريعة أظهرت أفضل ما عندك. هذا اليوم مناسب لتبادل الزيارات مع الاصدقاء والاقارب والخروج في نزهة مع رفاق تستمتع برفقتهم.

في السياسة: برج الحمل والثور قد يكونان مساعدين لك مؤقتا. كن لبقا في انتقاد رؤسائك. ستشعر بحاجتك الملحة للاستقلال في أن تفعل ماتريد.

في الاقتصاد: خطط لرحلتك المقبلة الآن. قد تنشغل بالتفكير بالمستقبل والتخطيط له والاصدقاء سيساعدونك في ذلك. تبدو قلقا في البداية ، القضايا المالية معقدة، حذار من الاسراف.

03 أحد مواليد برج الاسد يساعدك على طرح الاسئلة التي ترغب في الحصول على جواب لها. وانسجام مع القوس . ورقم الحظ 8.

العذراء: في الحب: قصة حب مع برج الجدي ستكون مدهشة ولكن منافسة.

في العمل: قدراتك لحل المشاكل اليوم حادة جدا. تحسن في الصحة وتحسن في الأعمال.

في الاجتماع: لا تفرط في حقوق الأقارب رغم موقفهم الجاف ، رحلة قصيرة ممتعة.اعجاب الناس بك اليوم شيئ جميل.

في السياسة: حاول الاحتفاظ باسرارك وقاوم الاغراءات التي تدفعك لافشاء هذه الاسرار وامام من لا يحسنون كتمانها أو استغلالها ضدك.

في الاقتصاد: تطورات ايجابية تساعد على تنمية استثماراتك وتتمكن من التخطيط لميزانية مناسبة لاشهر الصيف.

مساعدات مهمة من الأسد والقوس ورقم الحظ 9.

المتحرك: Mutable متغير ، متقلب، غير مستقر، قابل للتحول شكلا وطبيعة وصفة.

من مواليد برج العذراء: علاء حسن يحيى.

الميزان: في الحب: والنقاش مع الاحباب حول الشئون المالية والانفاق يؤدي الى نتائج ايجابية. صداقة جديدة تنال منها خيرا كثيرا. تجني اليوم ثمار المراسلة أو اتصال لم تكن تستعجل ثمارها.

في العمل: وجودك في بيئة جذابة يساعدك على الابداع.

في الاجتماع: ركز اهتمامك على الشئون المدنية. تهتم بتنظيم الامور في المنزل.

في السياسة: يمكنك تحقيق نجاح الان. تجد متعة في حل الامور الغامضة والشراكة معززة. والتعاون مع الآخرين افضل محاولة انجاز المسئوليات بمفردك. تسنح الفرصة لاتصالات جديدة في المساء.

في الاقتصاد: الاستثمارات التي تتم اليوم تحقق لك عوائد مجزية في المستقبل.

ورقم الحظ 7.

العقرب: في الحب:- ستزول متاعبك وتتحسن أحوالك و حظا سعيدا في انتظارك. بيتك هو مركز اهتمامك الآن.
في العمل: - تطورات في مسألة معينه تسعدك. حاول بناء مهارات للاتصالات مع الآخرين.
في الاجتماع: المشاكل التي تواجهها مع الابناء جذورها موجودة في المنزل والمدرسة. فكن لبقا في التعامل معها. يتأكد عندك اليوم أن الخير ما زال في الناس وفيرا.
في السياسة: لا مانع من الاعتراض على ما يجري ، بعض الضغوط الفكرية تزول قريبا. كن دبلوماسيا حتى لو شعرت بأن ذلك يتعبك.
في الاقتصاد: هذه الفترة مناسبة لاعادة النظر في شئونك المالية وميزانية البيت.
تفاهم مع الحمل والعقرب. ويمكن ان 04
تستفيد درسا جيدا من متابعة التلفزيون اليوم. رقم الحظ 2.

القوس:في الحب: بوادر مغامرة عاطفية قصيرة.
في العمل: انباء عن شفاء مريض عزيز.
في الاجتماع: تحمسك في حياتك يشجع الآخرين أن يحاولوا أفضل ما عندهم. ابذل كل جهد ممكن

للحصول على احترام كبار السن وتقديرهم. اذ أن ذلك سيحقق لك مكاسب لم تكن في الحسبان وقد يكون المكسب نصيحة تعينك على تجنب مشكلة.

في السياسة:

في الاقتصاد: لديك العديد من الخيارات المالية لتختار منها. فوائد البيع تجلب لك الكثير من الفائدة. كن حذرا في تعاملك مع الاخرين من ذوي الامزجة العصبية. وتجنب نوبات غضبهم .

صديق لديه خبرة في الشئون المالية يرغب في اطلاعك على حقائق معينة. تحتاج الى روح المثابرة لحل مشكلة لا تحتمل التأجيل أو الارتجال.

من مواليد برج القوس: زكية حسن يحيى غيث.

المتحرك Mutable: متغير ، متقلب، غير مستقر، قابل للتحول شكلا وطبيعة وصفة.

الجدي: في الاجتماع: عليك بتجميع نفسك ، فأنت قادر على البدء من جديد. وشيئ من الصراحة والمباشرة مع شيئ من الجرأة يمكن ان يدفع الامور في المنزل في الاتجاه الصحيح.

في السياسة: لديك الكثير من الافكار البناءة وعليك مشاركة الآخرين بها. وايمانك القوي بآرائك يساعدك على نقلها الى حيز التطبيق ولا مانع من مد يد العون الى الذين يعانون من ظروف صعبة.

في الاقتصاد:

لا زالت الفرصة سانحة لاقناع الآخرين فجذار من التراجع.

الظرف مناسب لانتهاز الفرص ، ستجد كثيرين على استعداد لمساعدتك.

مسألة هامة يتقرر مصيرها اليوم.

مواليد برج الحمل ينيرون لك الطريق.   رقم الحظ 4.

من مواليد برج الجدي :هادي حسن يحيى.

الحوت: في العمل: انجاح يبدأ بتحديد اهدافك المالية.

في الاجتماع: مستقبلك أهم من ماضيك.

في السياسة: اللف والدوران لا يفيد، الطريقة المباشرة أفيد.   ربما تشعر بالدهشة عندما تجد ان الآخرين يحرصون على اسماعك ما تريد سماعه فقط وقد تقابل شابا يصر على وضع كل ثقله الى جانبك.

في الاقتصاد: حاول التركيز على الشئون المالية والتجارية وابحث عن الصفقات الرابحة وناقش الاسعار اذا وجدت انها اكثر من اللازم.

أراك تميل لاستعادة ذكريات قديمة رغم تراكم أعمال هامة بين يديك.

تنال منفعة من قريب لك أو اذا كنت مقدما على شيئ فتنال منه ربحا.

ظلال السعادة ترفرف عليك اليوم.
لا تأثير حين ترغب في ابدال طريقك أو أن تتراجع.
اذ يمكن أن تكون قد غلطت.
05   رقم الحظ 6.
من مواليد برج الحوت: تيوتا بريزا

هدية في طريقها اليك.
شبح يطاردك
صديق يعزك
عدو يتربص بك
رسالة قادمة اليك
رحلة ستقوم بها
زيارة من صديق عزيز
لا تحاول الاعتذار عند عرض مشاعرك وما تحس
به
في التواريخ التالية من الشهر الحالى ستشعر بقوة
مميزة
07 13 18 23 29
في التواريخ التالية ستجد صعوبات في مشاريعك
03 09 15 22 26
أيامك المفضلة خلال هذا الشهر
الثاني والتاسع والثامن عشر والثالث العشرين
أفضل الأيام هذا الأسبوع
الثلاثاء والخميس

أفضل الأرقام

7

أفضل الألوان

الأخضر

يومك المفضل

السبت الأحد الاثنين الثلاثاء الأربعاء الخميس الجمعة

المواليد :

اذا كنت من مواليد اليوم: فأنت تحبذ الروحية على المادية. والمثالية على الواقعية. عيونك جميلة ولكن قدميك تعبتان من المشي. ينجذب اليك برج الحوت وبرج العذراء. لست من النوع الذي يضحك عليه بسهولة. فأنت حساس رومانتيكي جذاب ومبتكر. هذا الشهر وما بعده فرصتك للابداع. تقبل المنافسة. اختر لونا فاقعا. البس ألوانا داكنة اليوم. شخصيتك هي ما تلبس وليس ما تأكل. فالناس لها ما ترى. ابحث عن آفاق واضحة في بناء العلاقات العاطفية. ابعد عن اللف والدوران. اطرق الموضوع مباشرة. اذا لم تشعر بالسعادة فاظهر بمظهر لائق ولا تظهر ما في نفسك. فالناس لا يأبهون لحالك الا اذا كنت ولي نعمتهم أو صديقهم أو قريبهم. ثق بالاشارات النابعة من قلبك .

السحر

عزيزي القارئ عزيزتي القارئة:

لا شك أن كل فرد يحلم سواء كان نائما أو كانوا يقظين. فهل حلمتم يوما وأحببتم أن تفسروا الحلم ؟ هل تكلمتم يوما مع ساحرة ؟ وهل تؤمنون بالسحر أصلا؟

ان فن السحر أمر الهمه الله لبعض أوليائه وأنبيائه. وقد قيل في الأمثال: تعلموا السحر ولا تعملوا به. ولكن لله حكمته في منحه مقدرة السحر أحيانا ليخدم هدفا نبيلا. خذ مثلا قصة موسى عليه السلام حين ابتلع سحره سحر فرعون وسحرته. وفي تفسير الأحلام نعلم قصة النبي يوسف وفرعون الذي وضعه في السجن ولم يخرج حتى فسر حلم فرعون حول البقرات السبع النحيلة والسنابل السبع العجاف التي يتبعها سبع بقرات سمينة وسبع سنابل مليئة بحبات القمح. وبناء على مقدرته في تفسير الاحلام عينه فرعون أمينا للخزينه في السنوات العجاف حتى يستمر الشعب.

51

قلب المؤمن دليله

وفي كثير من الأحيان نسمع المثل القائل: قلب المؤمن دليله. خاصة حين تشعر الأم بشعور الحنان نحو أولادها فترى بعض أولادها وهم في ضائقة أو في فرح. فتقوم من نومها فزعة أو مسرورة وهي تقول: اللهم اجعله خيرا! اللهم اجعله خيرا!

صفة الرياح

رياح الشرق تهب بلطف
رياح الجنوب رياح معتدلة
رياح الغرب هادئة وساكنة
رياح الشمال نسيم عليل يعتني بالأحبة.

قصة شمعة الحب

الحب هو المكان والزمان ومقياسه القلب.
عندما يجد الانسان الحب الحقيقي فان رابطة مقدسة
تربط بين الحبيبين . وللاحتفال بذلك الحب على
الأحبة الاستعداد لتحضير شمعة الحب. فما نوعية
هذه الشمعة ؟ وما قصتها؟ وقصة شمعة الحب تعود
الى التراث الاسكتلندي والايرلندي حيث ظهر كتاب
الظلال عن الساحرات في القرن التاسع عشر.

اذا أراد العشاق أن يصونوا عهد الحب بينهم وبين
حبيباتهم.   فما عليهم الا أن يشاركوا الحبيبة بحبة
تفاح حيث تؤخذ تسع حبات بذور من داخلها وتوضع
في مغلف يغلق باحكام. ويضعها العاشق تحت المخدة

عند النوم في الليالي الثلاث الأولى حين يبدأ القمر ببناء نفسه . فاذا نمت بهدوء وبدون أحلام مزعجة. عليك باكمال العملية وذلك بالاستمرار في وضع المغلف تحت المخدة. وفي ساعات النهار ابحث عن شمعة واختر لها علاقة ذات ألوان جميلة وفريدة تسر النظرين اليهما. أغمض عينيك وحاول أن تصف الحبيبة بكل ما أوتيت من حكمة وابتكار. في الليلة السادسة افتح الغلاف وضع بذور التفاح التسعة في ترتيب كما تشاء بجانب الشمعة وعلاقتها. ثم حضر قليلا من الزيت النباتي وبعض اغصان الشجر الصغيرة وقلايتان صغيرتان. تأكد من عدم وجود دخلاء حولك وحاول أن تعمل كل هذا وأنت وحدك حتى لا يقاطعك أحد. ضع قليلا من الماء في احدى القلايتين. وسخنه قليلا حتى يدفأ. ثم ضع قاعدة الشمعة في الماء الدافئ.وانتظر حتى يصبح الشمع طريا تدخل فيه بذور التفاح بسهولة ويسر. أدخل كل بذرة من البذرات التسعة في الشمعة واحدة بعد أخرى حتى تنهي البذرات التسعة وتضعها في الشمعة. واذا كانت الغرفة باردة والشمعة قاسية. ضع الشمعة مرة أخرى في الماء الدافئ حتى تلين لوضع البذرات. ثم حاول وضع الشمعة وهي لينة في حاملها أو المقبض الذي حضرته للشمعة. وانتظر حتى تبرد الشمعة وتلتصق بالمقبض . خذ الاغصان الصغيرة وضعها في الزيت النباتي في القلاية الثانية. وامسح بها

الشمعة. ثم خذ الشمعة والمقبض وضعهما في خزانة أو مكان مظلم أمين والشمعة واقفة. اضئ الشمعة كلما لزم الأمر مثلا اذا كان الحبيب غائبا أو في خطر أو كان غاضبا منك أو كان غير سعيد معك. وستكون الشمعة برهانا لحبك الذي لا ينطفئ وسيظل حبك مشتعلا في قلب الحبيب. ولا تجعل أي شخص آخر يشعل الشمعة بعد أن تضعها في المكان المخصص لها فهي رمز حبك . فاذا حصل واطلع أحد على ما تقوم به فقم فورا بمزج البذور في الشمعة وابدأ في التحضير لعمل شمعة أخرى.

قصة هدية ميرزا

هل تعرف ماهي قصة ميرزا التي أحبت زوجها حب عبادة وكان لها شعر ناعم طويل. احتارت فيما تعمل عند قدوم عيد ميلاد زوجها فذهبت وقصت شعرها الجميل ثم باعته لتجلب لزوجها هدية متواضعة . فاشترت له سيرا لساعته حيث كان قديما وكان يضع ساعته في جيبه. وعند تقديم الهدية وجدت أن الساعة غير موجودة. فقد باعها الزوج ليشتري لزوجته هدية وهي ممسك (بكلة) لشعرها حيث لا تجد ما يمسك شعرها المتهدل على رقبتها. ونظر كل منهما الى الآخر وبكيا طويلا ولكن بكاءهما كان تعبيرا عن حبهما المقدس.

أسطورة طائر العنقاء

هل سمعت عن طائر العنقاء؟ في الهند بلد الثلاثة آلاف لغة ودين نسمع كثيرا عن العنقاء وتناسخ الأرواح. والعنقاء من المستحيلات الثلاثة (الغول والعنقاء والخل الوفي) كما صورها بعض الحكماء. وصفة العنقاء حسب الهنود أنه طير يعيش خمسة آلاف سنة. ولكنه يموت عدة مرات ويعود الى الحياة في كل مرة حيث أن لديه المقدرة كلما مات بنى نفسه من عظامه من جديد وبقي في الغيوم ما يقرب من خمسمائة سنة قبل أن ينزل على الأرض مرة ثانية ويضع لنفسه عشا فوق شجرة نخل في الجزيرة العربية. وتقول القصة أن الشجرة تحولت الى شجرة مر وكمون لها رائحة حسنة ومن هذه الشجرة حصل الطائر على المادة التي تعطره وتزيد من جماله عند ما يحرق نفسه ويموت. وتقول الأسطورة عن الطائر أنه في مصر وفي معبد الشمس بالذات يقام احتفال لاستقبال طائر العنقاء كل خمسمائة عام حين يجدد نفسه. وكانت القصة معروفة عند الرومان واليونان وباقي أوروبا في العصور المتوسطة.

57

وقد كتب كثير من الكتاب عن العنقاء واتخذه علماء الكيمياء رمزا لمراكز أبحاثهم . وقد ذكر في انجيل العهد القديم (أيوب 29:18) وقد علق عليه أحد القساوسة في العصور الوسيطة فقال: اذا كان طائر العنقاء لد يه القدرة على أن يموت ويحيا من جديد فلماذا يؤمن الانسان الغبي بكلمة الله. ومع عصر النهضة وبداية التفكير العلمي في ملاحظة الأشياء بدأت فكرة العنقاء تضمحل. ولكن اسم الطير لم يبرح مكانته في خيلا الشعراء والأدباء.

حالات القمر
والفأل الحسن

الربع الأول الربع الثاني الربع الثالث الربع الأخير

المحاق   البدر

ليكن معلوما لدى القارئ أو القارئة أن البدء في المشاريع يجب أن يبدأ عندما يكون القمر في حالة بناء من محاق الى بدر (أي من حالك السواد الى أبيض) وهو فأل حسن وليس في حالة تغير من البياض الى السواد (أي تحوله من شكل البدر الى المحاق) وهو فأل سيئ. والشخص الحكيم هو الذي يوفر جهوده وأموالة في الحالة الثانية ويحضرها

للبدء في المشاريع مع بدء القمر في الظهور ليتدرج حتى يصبح بدرا. والحالات كثيرة التي ثبتت فيها خسارة المشاريع التجارية والصناعية وحتى مشاريع الحب والزواج أو أي اتفاق آخر.

قصة ابريق الزيت

هل سمعت بقصة ابريق الزيت؟
لا.
لا والا مش لا هل سمعت بقصة ابريق الزيت؟
ايوة.
ايوة والا مش أيوه هل سمعت بقصة ابريق الزيت؟
ما بدي أسمع
مابدك والا ما بدك هل سمعت بقصة ابريق الزيت؟

....

....

وهكذا حتى يمل السامع ويفقد صبره ثم يقوم من
المجلس.

قصة مفتاح المملكة

اذا كان هناك مفتاح للمملكة فمعنى ذلك أن هناك مدينة واذا كانت هناك مدينة فهناك قرية وان كانت هناك قرية فهناك شارع واذا كان هناك شارع فهناك بيوت. وان كان هناك بيوت فهناك بيت كبير فيه غرف ، وفي احدى الغرف يوجد سرير وبجانب السرير سلة قش جميلة وفي السلة ضمة ورد ياسمين وفل وزنبق. خذها وأعطها لمن تحب.

وقد تكون القصة عكسية من الورد الى المملكة فنقول الورد في سلة والسلة قرب السرير والسرير في الغرفة والغرفة في البيت والبيت في الشارع والشارع في القرية والقرية قرب المدينة والمدينه فيها المملكة والمملكة لها مفتاح . خذ المفتاح وافتح الغرفة في القصر وخذ الورد من السلة وأعطه لمن تحب. وهكذا.

قصة الثور والضفدع

ورد ثور مرة على عين ماء ليشرب فرآه ضفدع يجلس بجانب ضفدع آخر فقال:

- أستطيع أن أكون كبيرا في حجم هذا الثور.
- لا أظن أنك تستطيع.
- أتراهن؟
- نعم ! أراهن.

فنفخ الضفدع نفسه مرة ومرة وزاد حجمه وأصبح ضعفين. ولكن حجمه لم يزد كثيرا. وحتى لا يخسر الرهان حاول نفخ نفسه مرة أخرى بقوة فانفجر فخسر الرهان وخسر حياته. ومن الناس من يشابه الناس في أمور حياتهم فإن زاد في ذلك وهو قليل الموارد خسر ماله وخسر حياته ، والطموحات السريعة التحقيق لها مخاطرها ، فمن يحلم بطموحات كبيرة قد يقضي حياته كلها فلا يحقق بعضها إن لم يحققها كلها ، فالتقليد فد يضر خاصة لإذا كان التقليدصريعا ودون دراسة .

والحكمة من القصة: أن تظاهر الناس بما ليس من طبيعتهم يجر الويلات عليهم.

والشجرة تعني الحياة والموت والبعث.
جنات عدن تجري من تحتها الأنهار
قمة الشجرة يعني الآلهة   السماء   الجنة
العصافير   الملائكة
جذع الشجرة يعني   الأرض   الناس   الحيوانات
الجذور تعني العالم التحتاني الجواني جهنم الحيات
والشياطين والوحوش
الشجر يمثل الأمان للناس في الظل ، وكانت في السفانا مكان الإجتماعات لتقرير المصير في الحروب والصيد والمحاكم القبلية ، كما كانت تستعمل في رواية القصص والأساطير في الواحات .
كما تمثل الجبل والسفح والقاع أو السلم

Happiness is a gift
More than just a mood
More than laughing shift
So Always be happy dude

Be happy not crappy
Like Ali my brother
He never was happy
Because not listening to mother

الحب والسعادة
من البيوت إلى التكنولوجيا

من أهم عوامل الاستعباد الجديدة للإنسان هي التكنولوجيا التي أخذت الوقت والحب والسعادة من البيوت ، والقول " أكره أن أخسر" أكثر من " أحب أن أربح" هو مزاج محبب لدى العقلاء ، لقد خسرنا الأسرة من أجل عيون التكنولوجيا ، وأصبحت المنافسة كمثال للبيع تتزايد بدلا من التعاون وأصبحت نفسها فشلا في شكل نجاح ، وقد علمونا أن الفشل أصبح طريق النجاح وعلمونا أن قوة الفشل في دماء الكفاح ، فالنجاح واحد بالمائة بعد 99% من الفشل ، كما علمونا أن المعاناة في الفشل تقوي شعور النجاح عندنا ، وبني آدم ولدوا عرايا وعرايا

سيرحلون ، فليس هناك رابح في الحياة ولا خسران ،
فانحاول الحصول على السعادة بدون ألم .

هدف الحياة هو الاتفاق مع الطبيعة ، الدموع تجف
بسرعة إذا ذرفت على مصائب الآخرين ، الحياة
رحلة وليست وجهة محددة ، ما يسند الجبل جوانبه
من السفوح التي تحيط به وليست قمته ، فإذا أردت
أن تكون سعيدا فكن سعيدا ، فأنت حر في شؤونك ،
نحن نسافر في الحياة نبحث عن الجمال ، عن المال،
عن النجاح ، عن السعادة ، فإذا لم نحمل منها شيئا
فسنبقى نفتقدها ولا نجدها ،
هل رقصت يوما عند وقوع مشكلة كبيرة لك ؟
الرقص جزء من الحياة ، ومشكلة الحياة في البساطة
التي يحاربها التعساء ، فيعقدون الأمور وهي سهلة ،
وبسيطة . فاموسيقى كلمات نسمعها بآذاننا لا بعقلنا ،
واليوم الذي يمر بلا رقص لا يحسب من الحياة .

حين ألقاك يكون الخلود ساعة
فلا تفقدي الحب وعلى أذنيك سماعة،
أو تضعيه إهمالا على الشماعة
فبضاعة الحب عندي خير بضاعة
وشوقي إليك طبع وليس صناعة
فلكل منا ميزانه ولكل العالمين صاعه

القول السائد : أحب وظيفتي أصبح من عوامل السعادة ، فالسعادة في العمل أخذت مكان السعادة في البيت ، ويحاول أصحاب العمل في أكثر الأحيان خلق أجواء تزيد من شعور موظفيهم بالسعادة في أماكن وظائفهم . وأصبح العمل هو الحب الجديد ، لأن النجاح مرتبط به وأصبحوا مرتبطين بأعمالهم أكثر من ارتباطهم ببيوتهم . وهذه مشكلة مستعصية إذا لم يتم الإتفاق عليها في كل أسرة .

أسمى درجات السعادة في الحياة المحبة المتبادلة أو الشعور بتلك المحبة ، فلا تيهي في الحب ، فقضاء الوقت مع الأولاد يزيد من سعادتهم ، وأولياء الأمور في شغل مستمر بعيدا عن أولادهم ، والوقت يمر من الماضي إلى الحاضر إلى المستقبل ، ولا يأخذ إذنا منا أو من غيرنا ، فالسعادة لها أيام كاملة لمن يختار تلك الأيام من الناس ، وهي تعاسة ساعات فتصبح أياما عند الخاسرين من الناس أيضا ، والحرية أحيانا في الاختيار أقسى من قيود العبودية أحيانا ، والتكنولوجيا لا تزيح عناء التعب عن أعناقنا وظهورنا ، اجتماعيا أو روحيا أو عقليا . بعد ما نراه من الثورة التكنولوجية أصبح العمل هو الحياة الجديدة وليس الحب .

كل الناس تقتل ما تحب من الأشياء

فاسمعوا قولي جميعا بحق السماء
بعضنا يقتل الحب بنظرة حمقاء
وبعضنا يقتل الحب بكلمة عفوا ثناء
والجبان منا يقتله بقبلة سريعة بلهاء
أما الشجاع فينا فيرى الحب هواء

بداية الخلق والإنسان والسعادة

حين خلق الإنسان أو وجد على الأرض لم تكن السعادة في قاموس حياته ، بل كان الجد والعمل والتناسل والبقاء من أهم أولوياته ، ولم يكن الإنسان في تاريخه الطويل موصوفا بالسعادة ، فالحروب والمنافسة على لقمة العيش تنتج رابحا وخاسرا كما تنتج ناجحا وفاشلا في معاركه الحربية أو الاجتماعية أو حتى النفسية ، فحرب قابيل وهابيل لم تكن من أجل تحقيق السعادة بل كانت لتحقيق حاجة جسدية زائلة ، ولم نر من صور ورسومات العصور الغابرة ما يؤكد ابتسامات الناس في المغاور والقلاع ، وأنما رأينا احتفالات ومعارك وبؤس وشقاء وأعمال يدوية لا تنبيء بسعادة ، ولم نر على وجوه الأنبياء ولا في سيرة حياتهم مسحة من البسمات تؤكد وجود السعادة

في نفوسهم ، فهم يدعون لسعادة غير مرئية في العالم الآخر وليس في الواقع الحياتي ، السعادة أصبحت أنبل أولوية من الحب والصحة والأسرة والخالق والحكمة والأمانة . ففي استطلاعات الرأي جوابا على سؤال ما أهم شيء في الحياة تكون السعادة هي الجواب العام الذي يلون كل الإجابات وإذا سئلوا عن أكثر الأشياء يريدون زيادتها في الحياة كانت الإجابات بالسعادة أعلى من كل هدف آخر في الحياة ، واسأل الآباء والأمهات عن أفضل ما يريدون لأبنائهم فسيقولون دون تردد ، السعادة : أن يكونوا سعداء .

وليس من شك في اتخاذ السعادة عبادة جديدة هذه الأيام ، وأصبح من التراث القابض على الأرواح والأجساد ، وأننا نجهد في أعمالنا للحصول عليها ، فمن الطبيعي أن يرى البشر أن السعادة أهم هدف في الحياة أو أعلى قيمة في الوجود الإنساني ، ولكن اعتبار السعادة كهدف أعلى من كل هدف آخر في الحياة يوقعنا في مصيبة جدية ، وللأسف فقد أصبح موضة العصر في مجال الأولويات . ومع أن كثيرا من الكتاب وقفوا ضد هذه الموجة في الخمسين سنة الماضية ، فلم تكن السعادة يوما تبدو هدفا بحد ذاته عند العقلاء لأنها إن فعلت ذلك تتساوى في مقارنة الأهداف الأخلاقية مع طموحات الحيوانات ، أو

تكون الحياة الإنسانية بطولها سعادة دائمة فيكره الإنسان دوامها لأن استمرار السعادة يعتبر جحيما على الأرض ، حسب برنارد شو المفكر الإنجليزي ، وإن أكثر ما يخيف الإنسان فكرة ديمومة السعادة لمباركة في الحياة ، وقد أصبحت الابتسامة على وجوه البقر وحبات البطاطا وحتى النمل ، وكأنها عنوان سعادة للأطفال والكبار . فالنظر إلى العالم مع اتساع النظر يجب أن يشمل التعاسة والفشل والخسارة والانحطاط الخلقي والتراجع في مواقف النفس والأخلاق وسوء الحظ ، ولكن الناس مندفعين نحو محو هذه الوقائع من أجل عيون السعادة . والناس مسحورون بهذه الظاهرة .

ويسوؤني أن أرى الكتابات في الكتب والمجلات والأفلام وبرامج الراديو والتلفاز وورشات العمل والفيديو وحتى النقاشات على الإنترنت ، وبرامج المقابلات التلفزيوني وغيرها من وسائل الثقافة تقودنا إلى خيالات قطف ثمار السعادة ، وقد أدت هذه الوسائل إلى اختراعات جديدة في مجال زيادة معاهد استشارات الناس حول السعادة وإرشادات الأطباء حولها ومعاهد بناء الجسم وعيادات تغيير الأشكال والأعضاء لكي تناسب هذا الفيض من الهجوم على اقتناص السعادة . بالإضافة إلى معاهد الرقص ونوادي الضحك التي أصبحت شائعة وعنوانها إكذب على نفسك حتى تبدو سعيدا . وأخذ موضوع السعادة

ينمو حتى أصبح حالة عقلية للبيع لكل هاو أو محترف في أي مجال من الشباب والشابات .

حتى المصانع للأعضاء والتحف وشركات الأفلام الضاحكة والهزلية وشركات الأدوية للعقل وأعضاء الجسد على اختلاف أحجامها وأشكالها وألوانها ساهمت في تضليل الناس لشراء وسائل تخلق السعادة النفسية أو الجسدية والجنسية أو الفكرية الخيالية العاطفية ، وكلها أحلام وأضاليل لكسب فوري .

ونذكر منها زيادة الأعضاء طولا أو تقصيرا وزراعة الشعر أو إزالته وتكنولوجيا التجميل من احمرار الخدود أو اصفرارها وجماليات الشعور وألوانها ، وفوائد الحبوب المنومة عند أصحاب الأرق أو السوائل المنشطة عند الكسالى والرياضيين . ولا ننس المطاعم ومحلات الآيسكريم ومجالات الترفيه التي تتخذ من الظاهرة أساسا لجلب الزبائن ، لفتح شهية الطامعين في اقتناء السعادة بأي ثمن .

والأوصاف اللامعة كأسعد مكان للترفيه كدزني لاند والوجبات السعيدة في المطاعم كمكدونالد وبيرغر كنج ، عدا عن إعلانات الفنادق الوردية والقرمزية لسعادة النزلاء ، كما تظهر في التخفيضات العظيمة التي تهيء للسعادة على التسوق وشراء البضائع في وول مارت وسيرز وجي سي بيني وميسي ، فالوجوه مبتسمة والكلام لطيف والمعاملة ممتازة .

وقد تعدت السعادة في الإعلانات من الحياة والجنس والطعام واللباس والترفيه إلى الموت ، فمؤسسات دفن الموتى ركبت موجة السعادة وتاجرت بالأعضاء أو الدعوة إلى تفير العناء على الأقارب والأحباب ، وشركات التأمين لم تخل إعلاناتها عن جمع الأموال بالسيارة المبتسمة أو شواطيء الضاحكة أو الدراجات الطائرة ، أو التلفونات التي تبدأ بجملة ، هذا إعلان عام من أجل سعادتك أو سيارتك أو بيتك أو حتفك . وفي لوس أنجليس ترى يافطات دعائية في كل مكان مرتفع فوق المباني تحمل : الدونات السعيدة ، الخمر السعيد ، الحذاء السعيد ، عيادات الحيوان السعيد، عيادات الأسنان السعيدة ، عيادات التجميل السعيدة ، مراكز الزواج السعيدة ، بالضافة إلى آلاف اليافطات وكلها تتبنى لفظ السعادة في محتوى عناوينها ، وليس هذا في لوس أنجليس فقط فما هي إلا مثال فقط ، فأنت ترى ذلك في شيكاغة ونيويورك وواشنطون دي سي ، ولاس فيجاس ودالاس وعبر البحار في باريس وسويسرا ولندن وكل مدينة حتى شنغهاي وطوكيو وهونغ كونغ وموسكو وبون والقاهرة ونيودلهي . ويصفها البعض ممن يقفون معارضين لها بأنها فقاعات العصر الجديد ، قصيرة الحياة إذا ما هبت رياح الواقع ودخل البشر في نفقها الذي تنصه الأضواء ليظهر الواقع المر لهذه الشركات والمطاعم

والمحلات والعيادات وأماكن الترفية ، وكلها يسعى لكي يجمع المال لزيادة سعادته في المقام الأول ، ولم نسمع يوما عن المعاشات السعيدة أو العمل السعيد أو الاهتمام بالأسر السعيدة . حتى البورصة وأسواق المال والأسهم لها فقاعات مشابهة في التلاعب في الأسعار العالمية من أجل سعادة الفقراء وتقليل مآسي الفقر والجوع والجهل . أم ما يضحك فإن كثيرا من الجامعات في الولايات المتحدة وكثير من دول العالم بدات في طرح مساقات وتخصصات في مجال علم السعادة النفسية وعلم السعادة بشكل عام ، وعلوم السعادة الجسدية والجنسية والعضلية والفكرية الخيالية . وقد قام مؤخرا بعض المختصين في السعادة بإطلاق ألقاب على أنفسهم مثل : الدكتور سعادة ، من أجل الخدمات للسعادة بأسعار خيالية ، وعندهم موانع للقلق والتوتر وفقد الذاكرة والغضب والملل والتعاسة في السرير أو أماكن العمل والإحباط النفسي والطلاق والفشل في الحب أو العمل أو الزواج . وهكذا أصبحت السعادة موضة العصر والخيال المسيطر على الناس مع أنهم أي الناس يعرفون ما يسعدهم بصورة طبيعية ويقدم لهم راحة البال والطمأنينة والهدوء والسلام مع النفس أو النفوس البشرية الأخرى في الأسرة والمجتمع والعالم الكبير .

الرجل الخلوق والزواج

لا يستوي الزواج إلا بالأخلاق لذا فإن الرجل الخلوق هو المطلوب في المعادلة الزوجية . كما هو الحال المرأة المحتشمة الخلوقة التي تمثل الجانب الآخر من نفس المعادلة. فلكل منهما حقوق على الآخر وعلى كل مهما واجبات تجاه الآخر ، ولا يستمر الزواج إلا بالتوازن بينهما والتناغم فيما بينهما من تحمل المسؤولية والتفاهم والانسجام دون إنقاص دور أي منهما في عملية الزواج.

ففي الماضي كان الرجل الخلوق يؤتمن على العرض والشرف والمال والممتلكات ، أما اليوم فقد احتلف الأمر ، وقداعتبر الرجل الخلوق في هذه الأيام عملة

نادرة ، وهو كالغيث بالنسبة للصحراء العطشى ، أما التظاهر بالأخلاق فقد زاد مؤخرا ولكن ذلك لا يعني امتلاك الأخلاق والتصرف بمقتضاها. لأن الرجل في العصر الحالي تغلب عليه المادية والمظهرية الخداعة ، وبهذه المظهرية يصل إلى مبتغاه من خداع النفس وخداع الناس بمظهره وتلوين صورته بما يتناسب مع المطلوب ، فهو قبل الزواج مثلا يدعي الغنى وبعد الزواج يظهر إفلاسه ، فهو لا يفصح عما في نفسه ويخفي الكثير من جوانب شخصيته الأنانية ، ولا يتصف كلامه بالصراحة بل يغلف ما يريد بمعسول الكلام والمظهر الخداع خذي مثلا حين يبدو بعض الرجال في سياراتهم ذات الدفع الرباعي (أو ما يسمى بالفور باي فور) وكأنهم يملكونها بينما هم في الحقيقة لم يدفعوا شيئا ذي قيمة لأنها بالأقساط أو بالدين أو التظاهر بأنه مدير الشركة ومالكها وهو موظف بسيط فيها ، والادعاء الدائم بما ليس فيه وليس من صفاته . فالمظهر الخارجي أو الشكل له تأثير كبير على الآخرين ، والمظهر الطاووسي الخارجي لا يفيد على المدى الطويل ، ومهما خفيت الحقيقة فستظهر يوما ما . وقد قال فيها طرفة بن العبد قبل خمسة عشر قرنا (ومهما يكن عند امريء من خليقة وإن خالها على الناس تعلم) .

ماأثر الشخصية على الأخلاق؟

للشخصية أثر كبير على التصرفات الأخلاقية
والتحلي بها قولا وعملا . ونظرا لأن الشخصيات
مختلفة في حاجاتها وتطلعاتها فهي أيضا مختلفة في
تحقيق تلك الحاجات والتطلعات ، فمنها الشخصية
الطموحة والشخصية الكسولة التي لا تحاول جهدها
لتحقيق ما تريد ، ومنها الشخصية المتفائلة التي ترى
الجمال أولا ومنها الشخصية المتشائمة التي لا ترى
الجمال أصلا وإنما ترى كل شيء سلبي فقط وقد قال
الشعر العربي: والذي نفسه بغير جمال لا يرى في
الحياة شيئا جميلا ،

ما هي الأخلاق ؟

هي التصرفات الإنسانية التي يراها المجتمع تتناسب
مع العادات والتقاليد فيوافق عليها أو يرفضها . وأما
مناسبتها للمجتمع فلا يعني أنها صحيحة وإنما تعني
أن طبيعة المجتمع تراها صحيحة ومستقيمة فتباركها
أو تقف ضدها . أما الأخلاق عند الفلاسفة فقد
ارتبطت بالعدل والمساواة والحرية والمعرفة. ولعل
في المدينة الفاضلة للفارابي التي وصفها قبل تسعة
قرون مثال على دور الأخلاق في الحكم والسياسة .
وقبله بعشرة قرون وصف الأخلاق أفلاطون في
جمهوريته التي تحكمها الأخلاق والرجال أصحاب
الأخلاق الفاضلة من الحكماء والعلماء.

هل للأخلاق صلة بعامل الذكاء عند الإنسان ؟

ليس للذكاء صلة قوية بالأخلاق ، وقد يكون متوسط الذكاء خلوقا وقد يكون الذكي بلا أخلاق . ويختلف البشر في نسبة أخلاقهم . وأعتقد أن الخبرة والسفر والتواصل مع شعوب أخرى لها أهمية في التأثير على الأخلاق سلبا أو إيجابا حسب الخبرة الشخصية المكتسبة من السفر والتواصل . ويعتقد أن أكثر الناس أخلاقا من وجهة نظر المجتمع هم الذين يتبعون التقاليد والعادات في النظر إلى مساعدة الناس الآخرين ، كما يعتقد العكس عند مجتمعات أخرى ، فأخلاق الأفراد في الأمم الصناعية التي تقدس الفرد والخصوصية الفردية تختلف عن أخلاق الأفراد المنتمين للأسرة والقبيلة أو المجتمع في الدول غير الصناعية (الزراعية مثلا) . ولا أعتقد بل وأؤيد الفكرة التي تقول أن الأخلاق تكتسب بعد الولادة (من الأسرة والمدرسة ووسائل الإعلام والتراث) ولا تولد مع المواليد أو عن طريق الجينات البيولوجية . وهذا القول يمثل تطورا من النظريات التي تساوي بين الإنسان والحيوان في إشباع الغرائز وتحقيق الرغبات إلى النظريات السلوكية والإنسانية التي ترتفع بالإنسان إلى مستوى أعلى وأكثر احتراما للعقل البشري وملكاته في الإلهام والقدرة على التأقلم وحل المشكلات واتخاذ القرارات حيث تعتبر الدوافع الدينية (الجنة والنار، أو فكرة الثواب والعقاب ، أو

تحقيق الذات) أساسا تعتمد عليه الأخلاق التي يتحلى بها البشر خلافا للحيوانات.

هل تتهذب الأخلاق مع تقدم العمر ؟

نعم ولا . فمع تقدم العمر تزيد الحكمة كما يقولون ، ولكن ليس كل كبار السن حكماء ، فكثير من الناس كلما تقدمت بهم العمر زاد جشعهم وحبهم للمال والنساء والخيول المطهمة كما جاء في الكتب السماوية، وللعمر أثر في تطويع الأخلاق لأن المجتمع يضفي بشفافية خاصة حول المتقدمين في العمر نظرا لخبرتهم واحترامهم وتقدير دورهم ، وهم في كثير من الأحيان يتمسكون بالأخلاق أكثر من صغار السن فهم آباء وأجداد وقد يستغنوا عن حياتهم ولا يضحون بأخلاقهم . فهم قدوة حسنة في هذا المجال للشباب كافة. ولنا في التراث الديني الحديث الشريف "إنما بعثت لأتمم مكارم الأخلاق" و"أفضل الناس أخلاقا أفضلهم لأهله" . وقول الشاعر "إنما الأمم الأخلاق ما بقيت ، فإن همو ذهبت أخلاقهم ، ذهبوا" .

التركيز على الأخلاق الحميدة كعامل أساسي لإنجاح مبدأ الزواج.

تم طرح سؤال بحثي عن أفضل الصفات التي تفضلها الفتاة في الرجل فكانت الإجابة حسب الترتيب التالي ومعظمها مرتبط بالأخلاق من قريب أو بعيد مثل الإخلاص (أي حفظ العهد المقدس الذي

لا يتم الزواج التقليدي إلا به وهو عدم الخيانة الزوجية) ، ثم تحمل المسؤولية ثم اللطف في العلاقات الإنسانية ثم القدرة المالية على كفاية الإسرة ، وأخيرا الصبر والذكاء والتصرف بعقل مفتوح .

أما جواب الشباب لنفس السؤال حول أفضل الصفات في المرأة فكانت: العطف والحنان ، ثم التسامح ، ثم حسن الخلق ، ثم اللطافة وأخيرا أن تكون ذكية بقلب مفتوح . فالأخلاق ما زالت عند الشباب مطلبا في الزواج السليم القائم على التفاهم .

صفات الرجال من وجهة نظر النساء
الصفات السلبية

- أناني
- بخيل
- خائن
- مزاجي
- متملك
- غيور
- مبذر
- كذاب
- لئيم
- الغيرة
- كسلان
- متكبر

صفات الرجال من وجهة نظر النساء

الصفات الإيجابية

- مخلص
- ذكي
- عطوف
- كريم
- اجتماعي
- صريح
- هاديء
- مؤدب
- متفائل
- متفتح العقل
- متواضع
- حسن المظهر
- رومانسي
- طموح
- صبور

صفات النساء السلبية

- الغيرة
- الجهل
- الأنانية
- المزاجية
- العصبية
- الخيانة
- الجشع
- التبذير
- الحكواتية
- حب المظاهر
- ضيق العقل
- العنيدة
- الغير صبورة
- طموحة (؟)
- ضعيفة

صفات النساء الإيجابية

- العطوفة
- أم حنونة
- الحساسة
- المتسامحة
- الرحيمة
- المؤدبة
- ست بيت
- الذكية
- الجميلة
- اجتماعية
- متعلمة
- طموحة
- شغولة
- منفتحة القلب

جمال الزوجة في نظر الزوج

الزواج أقدم مؤسسة اجتماعية على وجه الأرض ، وفي الإسلام يستمد الزواج من قوله تعالى : "هو الذي خلقكم من نفس واحدة وجعل منها زوجها، ليسكن إليها"(سورة الأعراف ، الآية: 189) والله جعل لكم من أنفسكم أزواجا وجعل لكم من أزواجكم بنين وحفدة (سورة النحل: الآية: 72) ، ومن أسس الزواج الناجح المحبة والرحمة والمودة والإخلاص وحفظ الأسرار والاحترام المتبادل . وعلى الشاب أن يتزوج اتباعا لقول الرسول الكريم "من استطاع منكم الباءة فليتزوج) ، وتكاد لا تختلف الأديان الأخرى عن تعظيم هذه الأسس وجعلها هدفا نفسيا للشباب والشابات كما هي تأصيل لهوية الأفراد بالانتماء والإخلاص . فمن الناحية النفسية تهدأ النفوس وتطمئن ويصبح لدى الزوجين هدف سام وهو استمرارية الحياة عن طريق النسل بالحماية والرعاية والتضحية في سبيل الأسرة وأفرادها وبالجهد

والصحة والمال . وهو أمر لعمري يستحق الثناء والتقدير والإجلال ، ولعل العمل على استمرار الرحمة والمودة والمحبة من الأعمال الشاقة التي تستحق التضحية فإن استمرارهما يعتبر دليل قوة وصبر من الزوجين ، ومن الناحية الاجتماعية فإن على الأسرة الممتدة أو الصغيرة أن تبذل أقصى جهودها للمحافظة على المودة والمحبة بين الأزواج . والوفاء مكمل للسعادة بين الزوجين وكما قال الشاعر : يدوم الحب ما دام الوفاء . فإذا وجد أحد الزوجين فتورا في الحب من الآخر فأنه يبتعد عن حقوقه وواجباته تجاه الأبناء في أكثر الأحيان ويبدأ بالاهتمام بالنفس وتحقيق الحاجات النفسية والجسدية وينطبق ذلك على الزوجة كما ينطبق على الزوجة ، فكلاهما بشر وللبشر مزاجه وتصرفاته ، وحسب أبحاث علم النفس الأسري فإن الحاجات لها ترتيب تستدعي تغير النفوس تبعا لذلك ، خاصة إذا تغيرت صورة الزوجة في عيني الزوج ، أو أصاب الزوج مرض يمنعه عن استمرار وظيفته كزوج فيندفع (وهو الأكثر جرأة) على عدم الوفاء وحب الذات والأنانية ، ولا تترعرع الأسرة السوية إلا بتآلف الأزواج واحترامهما وتضحيتهما في سبيل أفراد الأسرة .

قنوات الاتصال والمحاورة بين الأزواج: من أهم أسباب استمرا الزواج هو استمرار المشاركة وفتح

القنوات للمشاورة وتبادل الحديث ، فكم من زيجات ذهبت أدراج الرياح لانغلاق أحد الزوجين على نفسه واتخاذ القرارات بنفسه دون مشاركة الزوجة ، وعلى الأزواج أن يثقوا بزوجاتهم وحسن إدراكهن فهن يرين الأمور من عدة جوانب بينما يرى الزوج الأشياء من جانب واحد . وعلى الزوجين أن يبتعدا عن الكآبة والملل والانطوائية والرتابة في الحياة الزوجية وكم من زوجة صابرة وقفت خلف زوجها تحاوره وتهمس في إذنه وتزيد من عزم الزوج في اتخاذ قرار أو عدم اتخاذه بناء على تلك المحاورة . لذا فإن استمرار المشاركة والمحاورة والتشاور بين الزوجين يزيد من أواصر المحبة ويؤكد الوفاء ويكرس الاحترام بين الزوجين . وقد قام علماء النفس وعلماء الاجتماع بعدة أبحاث حول هذه النقطة فوجدوا أن استمرار طرق الاتصال والمحاورة بين أفراد الأسرة يزيد من سعادتها كما أنه يزيد من الاحترام المتبادل ويؤصر عرى المحبة بين الزوجين ، وكانت الدراسات تجري على من فقدوا تلك الخاصية وهي التحاور مع الآخر فأثبتت أن الطلاق يزداد كلما نقص الحوار بين الزوجين ومن نتائجه ضاع الأبناء بين تعاطي المخدرات وبيعها دون رقيب حتى كانت نهايهم في السجون . وليتعظ المتزوجون وليتقوا الله في أزواجهم وفي نسلهم ويزيدوا من مناقشة أمورهم ورقابتهم ما أمكن ،

وليكونوا قدوة حسنة للأبناء في الإخلاص والوفاء وحسن المعشرة والتحاور لا أن يكونوا دافعين لهم نحو الهاوية وسببا لانحرافهم الذي يقود لا محالة إلى اضمحلال الأسرة وضعف علاقاتها . ففي العالم الغربي انتفخت هذه الآفات وبدأت تنخر بالمجتمع ومؤسساته باسم الحاجة إلى الحب والوفاء للنفس وحب الذات فانفرط عقد الأسرة وأصبح أكثر من 60 بالمائة من النساء يقمن بإعالة أولادهن بعد أن قل الوفاء .

التكافؤ الفكري والثقافي والاجتماعي : يعتبر التكافؤ الفكري والثقافي والاجتماعي بين الزوجين أرضية مشتركة للتفاهم الأسري بين الزوج والزوجة . ومن عناصر الديمومة في الزواج هي التكافؤ فكرا وثقافة ومزاجا ولا تعتبر وحدها أسس مشتركة للتفاهم الأسري وقد عرف التاريخ الإسلامي والعربي زيجات تختلف في العمر وفي الفكر وفي الثقافة . ولم يكن هذا الاختلاف يؤثر تأثيرا سلبيا على التفاهم بين الزوج والزوجة . ولكنه قليل. والزواج بصفة عامة يقرب الناس عن طريق العمل أو الرحلات حيث ينجذب الزوج إلى زوجة في مثل عمره ومن ثقافته ومن بلده ، وهي عوامل تشجع استمرارية الزواج ، وكثير من العرب والمسلمين لا يميلون إلى الزواج من الغربيات إلا في القليل نظرا لاختلاف اللسان والعرق والثقافة والدين ، ويحبذون زواج المثل في

السن والجنسية والثقافة واللون ، وهي رغبة تكاد تكون عامة بين البشر . وإذا صدق القول بمناسبة التكافؤ بين الزوجين ، فإن عدم التكافؤ اليوم تدعمه الحرية ورغبة الزوجين في تخطي الحدود التراثية والتقليدية ، فإذا كانت هناك رغبة بين شخصين بالاقتران بدافع عدم التكافؤ فعليهما تحمل تبعات الزواج واستمراره لأنه سيؤثر مستقبلا على الأبناء من حيث دراستهم واختيار دينهم وما يلاقونه من قوانين دولية تمنع الحقوق أحيانا أو تتدخل في العلاقة المقدسة بين الأزواج ، والتاريخ شاهد على المآسي التي حصلت للآباء والأمهات اللواتي فقدوا أبناءهم بين القارات والدول وهم لا يشعرون . وبما أن الكمال لله وحده فإن العباد لهم خاصية النقص وحب التغيير والأنانية ، ويرى كثيرون أن زواج المرأة من نفس بيئتها الاجتماعية يعطي الاستقرار والديمومة لها ولأبنائها في المستقبل ، ويرى آخرون فتح الباب للحرية في الاختيار باسم الحب والإعجاب والخروج عن التقاليد ، وهؤلاء يتزايدون مع الأيام ، وهذا الموضوع يحتاج إلى دراسات وأبحاث لفهم أسبابها وضبط القيم لتوجيهها الوجهة المتوخاة من الزواج كالاحترام المتبادل والتكافؤ الثقافي والقيمي والمحاورة بالتي هي أحسن .

س. لماذا لا تعود الزوجة جميلة في نظر زوجها؟

ج. السؤال في الحقيقة يمكن فهمه على أساس فقدان المرأة لبريق جمالها في عيون الزوج ، لأن الجمال لا يتغير ولكن تتغير قيم الأزواج في النظر إليه . وكلما مضت السنوات على الليلة الأولى كلما كثرت شكاوي الأزواج ليس لنقص في جمال الزوجة ، وإنما خروج الزوج واكتسابه خبرات جديدة عن طريق النظر والمشاهدة لغير الزوجة . فجمال الزوجة لا يذوي مهما طال عمرها ، لأن الجمال يأخذ صورا تتعدى المادية وتغطي مجالات كثيرة كالحب والتقدير والعناية بتبادل المسؤولية وتبادل الآراء.

وفي الماضي كانت المرأة تحميها الأسرة وأفرادها من أعمام وأخوال وعزوة من شكاوي الزوج أو ظلمها بطريقة مادية . أما اليوم فيكون الزواج غير محمي بأسرة ترعى الحقوق الزوجية خاصة من الزوج الذي له متطلبات جديدة ، وتعتقد الزوجة المعاصرة أنها ملكت زوجا سيرعاها لأنه يحبها . ولكن الحب ليس كافيا فالزواج المحمي هو الزواج الذي يؤيده المجتمع ويصبغ عليه قدسية خاصة تحمي الزوجة من الابتذال والتبرج أحيانا إذا اندفعت الزوجة وراء عواطفها وعليها أن تتأكد أو تشترط على الزوج ما تشاء في عقد الزواج وذلك حق من حقوقها وتقوم وزارات العدل والأوقاف على احترام تلك العقود .

س. هل حب التملك والإشباع عند الزوج يعتبران سببا لتقليل جمال الزوجة في نظر الزوج؟

ج. هذا السؤال يؤكد ما قلناه سابقا فالزوج يغير رأيه معتقدا أن إعجابه بجمال الأخريات من دون زوجته أمر طبيعي ، وذلك خطأ يستحق الدراسة ، فصفات الأخريات اللواتي يظهرن بأنهن أكثر ثقافة وانفتاحا على الجنس الآخر لسن أكثر جمالا من زوجته ، وهن أحيانا قشور لديهن مهارات خاصة ويبحثن عن الأمان ، والنساء كزهر الربيع منها الريحانة ومنها الأقحوانة ومنها القرنفلة ومنها النرجس ، وحب التملك أو الإشباع أمر طبيعي وليس هناك من داع لتحويل الأمر إلى عذاب ومقاساة ، ومهما بلغت الزوجة من الجمال فذلك لن يمنع حب التملك عند الزوج ولن يشبع الزوج ، لذا فالقناعة والاكتفاء برفيقة العمر حاجة لا يستطيعها إلا راهب . ولكن السؤال هنا هو ماذا إذا كانت المرأة هي التي تحب التملك ولها رغبات تحتاج لإشباعها؟ ولكن الرجل يبرر لنفسه ما لا يتنازل عن تبريره للزوجة .

س. ما الآثار النفسية التي تعود على المرأة حين يقلل الزوج من اهتمامه بالزوجة وتجاهل جمالها بشكل متعمد ؟

الزوجة الحكيمة لا تحط من قدر جمالها ، ولا تتجاهل رغبة زوجها في التغيير أو التثنية أي الزواج بأخرى ، لأن النساء تتشابه ، والجمال المادي زائل ، إلا أن

شكوى الزوج حول ذبول جمال الزوجة لها مبرراتها أحيانا ولها مصدرها ، فقد اعتادت على الزوج فلا تحاول التجديد حتى يبدأ الزوج بالتبرم ومنها عدم الاتحاد بين الزوجين الذي يمليه التغير السريع في التقنيات ، وزيادة الصرف على أدوات التجميل ، وكثرة احتجاجات الزوج وقلة المحبة . وأستطيع القول للزوجة أن الزوج الذي يبدأ بالشكوى همسا يخفي شكوى كبيرة وجامحة فاهتمي بتلك الشكوى فهي أول الفيضان الذي يبدأ بقطرة من الماء حتى يزعزع أركان الزواج .

لذلك فإن الآثار التي تظهر على الزوجة مرتبطة بمدى اعتزازها بنفسها ، ومدى اقتناعها بأن أي تغيير لن يرضي الزوج ، فالزوج له مبرراته وللمرأة مبرراتها ، ولكن الآثار على اتهامها بقلة الجمال قد تكون مدمرة وتجنح بالزوجة إلى الانحراف في حالة توفر المكان والزمان المناسبين ، خاصة إذا لم تكن ثقتها بنفسها قوية ولا يربط الزوج أي رابط كالأولاد والأسرة .

س. هل على الزوجة أن تتجمل لإرضاء نفسها أم لإرضاء الغير ؟

ج. على الزوجة أن تتجمل لنفسها لا للناس ، لأن الرضا عن صورتها الجمالية نسبي ، وعليها أن تقنع نفسها أن تظهر كما تريد هي لا كما يريدها الآخرون لأن رضى الناس غاية صعبة التحقيق . ومشكلة

الزوجة في هذا المجال أنها تريد أن ترضي الناس وترضي الزوج ، وتنسى أن ترضي نفسها فتزيد من التبرج أحيانا وتضع نفسها في مجموعة يرفضها المجتمع وكذلك الزوج الذي هو جزء منه .

س. ما مدى التجمل واستعمال أدوات التجميل ؟

ج . الزوجة العصرية مرآة لزمنها ، وجمالها انعكاس لعقلها وتفكيرها وحسن تدبيرها وتصرفها ، ويبدو جمالها في مهارتها في حل المشاكل واتخاذ القرارات اليومية ، جمالها في التواصل مع الزوج ومع الآخرين وهذا يولد الاحترام والثقة بالنفس ، ويصبح التعامل مع الجمال كأي سلوك آخر ولن يسبب مشكلة . والاهتمام بالجمال عام عند كل الناس ، وعلى الزوج أن ينظر بعين قلبه لا بعين رأسه حين يأتي الأمر إلى جمال الزوجة .

الحب والزواج ومواقع الإنترنت

الدكتور حسن يحيى المستشار النفسي والاجتماعي بمركز آراء للاستشارات والدراسات والتدريب

س. ماهو تقييمكم للموضوع ؟

ج. أخذ موضوع الحب والزواج عن طريق الإنترنت الوقت والجهد من الباحثين في الإنترنت ومواقع الزواج فيه أكثر من حجمه ، فأهداف االبحث عن الشريك في الدول العربية ما زال قليلا إذا قيس

بالدول المتقدمة تكنولوجيا ، فالشريحة التي تهتم بها غالبا مجموعة من الشباب من الجنسين لكل منها أهدافه وغاياته من البحث فيه وعنه ، وأحيانا كانت النتائج مدمرة وقاتلة نظرا لسرية المعلومات خاصة على الشابات (وقد حصلت جرائم لها علاقة بالشت شات والإيميل والتواصل عبر الإنترنت) ، لأن الشابة عندها قابلية لتصديق 80% من المعلومات مما تسمع بعكس الشباب الذين يصدقون 20 % والزيجات الحاصلة عن طريق الإنترنت هي زيجات يشعر الشباب أنها تسد فراغا في حياتهم فهم على الأكثر معزولون وشخصياتهم كتومة يعيشون في الخيال أكثر من الواقع ، ولهم أصدقاء قلائل ، بالإضافة إلى حاجتهم إلى الانتماء العائلي الذي ينفرط مع الأيام . ومع تزايد التفسخ الأسري والشعور بالانفرادية وفقدان آليات الضبط النفسي والعائلي ، ستزيد الظاهرة تنظيما من قبل بعض الشركات الصغيرة الخاصة التي تطمع إلى جمع عناوين الشباب من أجل أغراض أخرى ليس الحب والزواج واحدا منها . والشباب متهم بأنه سطحي التفكير حول الهدف من القيام باللعب مع الإنترنت . وهناك دراسات نفسية واجتماعية تحاول فهم الظاهرة ومستقبلها والشرائح التي تستعملها ، وقد أفادت بعض البحوث أن تلك الشريحة (متقاربة في العمر ، لديها وقت طويل بالتعامل مع جهاز الإنترنت ،

ويشتركون في وقت فراغ طويل وقلة خبرة في استخدام الوقت ومهارات استخدام الكمبيوتر وآليات الويب ، ومن الناحيتين النفسية والاجتماعية نجد أن شريحة مستخدمي الإنترنت لبناء علاقات زوجية تتصف بالانعزالية ومرض الشيزوفرانيا (الانفصام الشخصي) والتفكك الأسري بالإضافة إلى مشاركة الشابة في ميادين العمل) أما حول من يقوم بالبحث عن تلك العلاقات عبر الإنترنت فتزيد عند الشباب الذي يهوى المرح بغض النظر عن المخرجات من أجل التشدق أحيانا بما تم اكتشافه من المقابلات والحديث بواقعية أحيانا أخرى . والخدمة المقدمة بهذه الاتصالات نسبية حسب حالة الشخص وحاجته للحديث مع أي شيء حتى لو كان الانترنت .

س.

ج. أما عن الفرق بين العلاقات الطبيعية عبر قنوات الأهل والتعارف ، وعلاقات التعارف عبر الإنترنت ، فالمقارنة واضحة ، فمشاعر الحب تكون شفهية مبنية في الخيال وبعيدة عن الواقع ، ويمكن تمثيل العلاقتين ماليا ، كمن عنده 1000 درهم في يده ، يستطيع استعمالها كما يشاء وأينما شاء ، ومن عنده شيك بمليون درهم بلا رصيد . لذلك علاقات الإنترنت وحدها تؤثر في العلاقات الشخصية ولكن الشباب يتناسون أنهم يصيدون في المياه العكرة دون معرفة نوع الصيد حتى يحصل عليه فيرميه إن لم

يعجبه أو يأخذه إلى بيته ليشويه وبعض النجاحات الحاصلة في المجال لا تعني أن العلاقات الإنسانية بين الزوجين وكيفية حصولها عبر قنوات الأهل في تنازل أو في خطر ، بل على العكس ، فالرجل العربي (أن استطعنا التعميم) ليس من النوع الذي يبني علاقات أسرية عبر الإنترنت ، وما يحصل عادة أن رسائل الإيميل بين شخصين تكون نتيجة سابق معرفة بالشخص وذلك أمر آخر لا يقع تحت التعارف عبر الإنترنت. وإنما يقع تحت موضوع الزواج التقليدي الذي يحبذه الشباب والشابات في العالم العربي . وهذا من علامات الثقة في اتباع التقاليد والتراث .

س.

ج. طالما أن الموضوع مبهم والشخصان لا يعرفان بعضهما ، فإن السباحة في بحر التصورات (ومنها الكذب المريح طبعا) يجعل كلا الشخصين بإعطاء معلومات ليست واقعية وليست صحيحة ، فهي للتعارف أولا وللمرح ثانيا ولقتل الوقت ثالثا . واللغة العربية بعكس الانجليزية ليست اللغة التي يكون فيها التصارح حول الحب والعلاقات الزوجية المستقبلية ، فالشابة عامة في حديثها ولا تنطق بتحديد العلاقات إلا على استحياء ، والزوجة لا تقول لزوجها أحيانا كلمات الحب صراحة ، لذا فإن العلاقات تكون بين الشباب سطحية وغير مسؤولة ، وليس لها ضابط

أخلاقي أو تراثي . وتكون تعابير اللغة الإنجليزية أكثر جرأة على التخاطب وهي وسيلة لإخفاء الذات ، ونظرا لأن الشابة أو الشاب تعرف أن المعلومات التي يتبادلوها مع الجنس الآخر ستعرف عليه وعلى اسمه أو اسم عائلته فإنه سيكون مؤدبا في مراسلاته وإعطاء نفسه هالة ليست فيه من أجل عرض بضاعته بأفضل الطرق . ولكن الخوف أن الشباب إذا تراسلوا باستمرار واشتدت العلاقة صراحة سيأتي دور الشاب ليقول للشابة على الطرف الآخر : انسي كل ما قلته لك سابقا عن نفسي فليس فيه أي حقيقة لذا فإنه يأتي الوقت لإسقاط المعلومات السابقة وتقمص شخصية جديدة أكثر وضوحا وأكثر جدية . ولكن قليل من الشباب لديه شخصية قوية للاعتراف بأنه كذاب باختياره ، وتنتهي العلاقة بالبحث عن صيد آخر .

الطلاق ، أسبابه ونتائجه

وأثر الطلاق على انحراف الأطفال ودور التأهيل في فهم دور الأزواج والزوجات لتخفيف المشاكل النفسية والاجتماعية .

س. في لمحة سريعة نود د. حسن أن نخوض في أسباب الطلاق لنتفرغ بشكل مفصل في نتائجه.

جواب: بسم الله الرحمن الرحيم وبعد، فأشكركم على استضافتي في هذا البرنامج الهادف المنوع الأسري والذي يخدم شرائح عريضة من المشاهدين شرقا

وغربا ، وأخبركم أن عددا هائلا يشاهد قناة أبو ظبي من العرب في الولايات المتحدة الأمريكية . وهم يكنون للإمارات حكومة وشعبا كل محبة وتقدير . أما حول السؤال فاسمح لي أستاذ أيمن أن مثل هذا الموضوع لا يمكن أن نخوض فيه بلمحة سريعة ، وقبل الإجابة عن أسباب الطلاق ، نقول

ما هو الطلاق ؟

وهل هو مشكلة أم يحل مشكلة

أم هل هو يسبب مشكلة ؟

وجوابا في لمحة سريعة أن الطلاق بحد ذاته ليست مشكلة وفي رأيي أنه حل لمشكلة . أما أنه يسبب مشاكل فهذا صحيح ، ولكن المشاكل موجودة بطلاق الأبوين أو عدمه ، وربط الطلاق بالمشاكل التي تحصل في الأسرة هو وهم يحتاج إلى دراسة . أما أسبابه فقد تعود إلى واحد أو أكثر من الأسباب التالية وهي تتنافى مع الهدف من الزواج الذي هو سنة الحياة وسنة العقيدة وبناء الأسرة والمحافظة على الأجيال والتمتع بالحياة الأسرية السعيدة :

أستطيع القول أن أهم سبب من أسباب الطلاق هو فشل الزوجين في التوصل إلى حل يستبعد الطلاق من الحلول . بمعنى آخر هو النتيجة الطبيعية لسوء الإدارة في التعامل بين الزوجين هو السبب الرئيسي.

عدم الوعي بأهمية ووظيفة الزواج بين الشباب ،

الحلول: الزواج شركة مساهمة من شخصين ، وتفلس الشركة إذا اختلف الشركاء في إدارة الشركة ، أما على مستوى الزواج ، على كل من الزوج والزوجة (وهذا ليس عيبا أو نقصا) أن يتأهل تأهيلا علميا وتطبيقيا حتى يفهموا أهمية الزواج ووظيفته ليسايروا العصر ومشاكله . ففي الغرب مثلا هناك حلقات علمية تطبيقية ومساقات تطرح على مستوى الجامعة ينخرط فيها المقبلون على الزواج من الجنسين ، وتقوم بها جامعات عريقة ، فالوعي بالأهداف وطريقة الوصول إليها مهم في متابعة الشركة المساهمة من الزوجين .

عدم الاتفاق على استمرار الحياة الزوجية حين يطفح الكيل ويقل الصبر   عدم التكافؤ العلمي والعمري والسلوكي بين الزوجين اختلاف واقع الزواج عن توقعات الزوجين الجانب الاقتصادي وعدم التخطيط الفرق العلمي والتعالي في المعاملة بين الزوجين حتى لو كانت تصورا .

الأنانية وعدم تحمل المسؤولية من قبل الزوجين أو أحدهما   قلة الاحترام والمعاملة السيئة كفرض السلطة العضلية   العقاب على كل صغيرة وكبيرة سواء أكان عقابا عاطفيا أم جسديا أم ماليا انفصام الشخصية واهتزازها غياب الوعي الأسري في الاستماع للغير والمناقشة الهادئة عدم فهم الهدف الحقيقي من الزواج من قبل الشباب والشابات

والتحكم بالآخر ليس من تلك الأهداف قطعا والزواج ليس رحلة مؤقتة تنتهي بانتهاء الإجازة . وإنما هو رحلة عمر.

من الناحية النفسية : اختلاف بناء الشخصية عند الزوجين ، فالشخصية المتعالية لا يمكن أن تتهادن مع الشخصية الناقدة مثلا ، والشخصية النرجسية التي تحب نفسها أكثر من الآخرين لا تستمر مع الشخصية الصبورة التي تحب الغير أكثر من نفسها . وهناك الشخصية الضعيفة والشخصية القوية والشخصية الكسولة والشخصية النشيطة والشخصية السابتة والشخصية المتحركة ومعرفة هذه الأنواع تساعد كل طرف ليتفاهم ويفهم الطرف الآخر . والعيش معه بسلام وطمأنينة.

والأسباب كثيرة تتعدد بعدد حالات الطلاق نفسها ، فلكل ظروفها الخاصة .

ويمكن تناول بعض الأسباب في الخليج عموما مما أجمع عليه البحث العلمي :

الزواج بأجنبية

الفوارق في النشأة والأمزجة

سرعة التغير الاجتماعي في مجال التكنولوجيا وعدم انسجام الزوجين مع هذا التطور ، وعدم فهم هذا التغيير الذي يحتاج إلى تأهيل أيضا .

قسوة الرجل وضرب المرأة (وهذا لا يمكن تعميمه) الانبهار بلياقة الجسد والسلوك عند المرأة الأجنبية

س. إذا تحدثنا عن مرحلة ما قبل الطلاق وتلك المشاحنات والمشاجرات بين الزوجين – ما هي انعكاساتها على الأطفال؟

جواب : قلنا أن الأصل في الزواج هو الاستمرارية والاحترام المتبادل ، وحين يحصل الطلاق يصبح الأطفال للأسف جزءا من المشكلة وعليهم يقع عبء الطلاق ، وقد أثبتت البحوث العلمية أن الطلاق أفضل بكثير من حياة الزوجين الذين يتشاجرون أمام الأطفال ، كما أثبتت الأبحاث أن بعض الأطفال يتأثرون بتقليد الوالدين في إيجابياتهم وسلبياتهم ، فتزيد اختلافاتهم مع بعض، ويمكن أن يصبحوا هم أنفسهم شخصيات معقدة عصبية (Dominal effect) تنتهي حياتهم بالطلاق كوالديهم. وهذا يتوقف على أعمار الأطفال خاصة بين سن الخامسة والعاشرة من العمر وهي ما يسمى بمرحلة الطفولة المتأخرة .

س. التسلسل السليم للاستقرار الأسري يبدأ باستقرار الزوجين ثم ينتقل إلى استقرار الأبناء ، وفي حالة خلل في هذا التسلسل يختل الوضع بأكمله – فما هو شكل الاستقرار الأسري ؟ وكيف يكون بعد حدوث الخلل فيه ؟

جواب: الأصل في الزواج هو الاستقرار النفسي والأسري، ويختل الوضع إذا لم تتوافر أسباب هذا الأستقرار . وهنا يمكن أن نستلف مثال السيارة التي

تعمل بشكل فعال والسيارة العطلانة . فالسيارة لا تسير إذا حصل عطل ما وكذلك الزواج لا يستمر إذا حدث عطل . أما شكل الاستقرار الأسري فهو التناغم والانسجام بين الزوج والزوجة وبينهما وبين الأبناء كأسرة تتعاطف مع بعض وتفهم بعضا وتحب بعضها بعضا .

س. الأطفال في مراحل نموهم الأولى تتركز وتنطبع في أذهانهم مفاهيم وقيم معينه ، وللأسف فإن الكثير من الآباء يجهلون حساسية هذه المسألة ـــــ فما هي النتيجة المتوقعة لأطفال يعيشون بشكل دائم هذه الحالة ؟

جواب: لا بد من أن أؤكد أنك تصيب كبد الحقيقة حين تقول أن الآباء يجهلون فهم تطور ونمو أبنائهم جسديا وذهنيا ، وذلك يقودنا إلى الوعي المفقود عند الزوجين ولا يزيد الوعي إلا بتأهيل الزوجين بالمعرفة وتطبيق الحلول السليمة لمشاكل الحياة الأسرية . فهناك متخصصون في كل مجال .

س. هل يتقبل مجتمعنا العربي أطفال الطلاق ؟

جواب: أولا المجتمع العربي ليس الوحيد في تقبلة لأطفال الطلاق إذا قبلنا هذا المفهوم ، لأن المجتمع لا يقبل كثيرا من المظاهر ومنها أبناء المطلقين أو المطلقات ومنها السلوك المنحرف الذي لا ينسجم والعادات والتقاليد . ومن الخطأ أن يتحمل الأبناء

ذنبا ليس من صنعهم . والنظر إلى الطلاق على أنه سيئة وهم يحتاج إلى تدقيق وتمحيص وفهم ، وفي الدول المتقدمة كان الطلاق سلبيا أما الآن فهو إيجابي ، إذ لا يعقل أن يبقى الزوجان وكل منهما يتشاجر مع الآخر . وقد أثبتت الأبحاث العلمية أن انفصال الزوجين بالطلاق يكون أفضل للأطفال من مشاهدة المسلسل اليومي من الشجار وتبادل الاتهامات بين الزوجين . (إمساك بمعروف أو تسريح بإحسان)

س. قد يغض البعض النظر عن أسباب الطلاق الحقيقية ــ واضعين أسبابا ودوافع من تخيلاتهم الشخصية مما يزيد الأمر تعقيدا، فينعكس ذلك على تعامل المجتمع مع الأبناء ــ فما هو تعليقك ؟

جواب: في المجتمع العربي هناك أسباب تتدخل في زيادة الطلاق ومنها

عدم الإنجاب وإلحاح الحماة على الابن ليطلق .

أما الأسباب والدوافع المتخيلة فهي تفسد الحياة بشكل عام وليس الحياة الزوجية فقط .

وكما قلت لا بد من تعميم الوعي بين الزوجين عن طريق التأهيل واكتساب المعرفة عن الاختلافات بين البشر وهو أمر في صالح الزواج لا ضده ، فالرجل له دور وللزوجة دور هام في التسامح والصبر والفهم وطول البال ومعاجة المشاكل بمنطق وعلمية.

وللأسف أقولها أن كثيرا من الناس لا يعرفون كيف يتصرفون في حالات الخلاف والمفاوضات

والاستماع والإصغاء أو في حالات الغضب والتوتر والتعب والإرهاق . ولكل من هذه الظواهر تمارين وحلول وتطبيقات لتسير الحياة الزوجية في تناغم وانسجام واحترام متبادل .

س. قد يعي الأطفال أن وضعهم الاجتماعي قد يحدث نوعا من الانطوائية في شخصياتهم وذلك ناتج من إحساسهم بالنقص ـ فكيف يمكن معالجة الأمر ؟

جواب: لا نستطيع التعميم في هذه الفرضية ، وإن لاحظنا الظاهرة بين بعض الأطفال . أما الانطوائية فهي حالة نفسية يمكن تقليلها أو الشفاء منها بل إلى تحويلها إلى طاقة مبدعة إذا وجدت العناية والمهارة اللازمين للتعامل معها . وفي الانطوائية يكثر تفكير الطفل وتقل حركته ، فلا يتخذ صديقا ولا يشارك أحدا بأسراره وأفكاره ، وأعتقد أن كثيرا من الأخصائيين النفسيين والاجتماعيين قد نجحوا في تحويل الانطوائية إلى طاقة عملية مبدعة وذلك باستخدام العلم وتطبيق ما توصل إليه في هذا المجال.

س. ما هي المشاكل النفسية والأمراض النفسية الأخرى التي قد تصيب الأطفال الذين يعيشون تفكك أسري ؟

جواب: هناك أمراض نفسية كثيرة قد تصيب الأطفال عموما من التفكك الأسري أو غيره ، فهناك أسر ليست مفككة ولكن بعض الأبناء فيها يصابون بأمراض نفسية . ومنها على سبيل المثال:

الأنانية وحب الذات ، وحب الامتلاك والاعتماد على الغير والغضب والخوف وسرعة التوتر وعدم معرفة الهوية الشخصية وفقدان الأمل واحتقار الآخرين.

والعدوانية ضد الغير التي تترجم بالقيام بالضرر للنفس أو للغير أو للممتلكات وما نراه من التدمير والتحطيم في أسوار المدارس وغرفها وأبوابها وساحاتها ، والحدائق العامة وخدماتها إلا دليل على هذه الأمراض النفسية . إلا أن ذلك ليس قصرا على أبناء الأسر المفككة .

إحساس الطفل بأنه محروم من أحد أبويه رغم وجوده على قيد الحياة قد يصيب الطفل بنوع من الاكتئاب واهتزاز الشخصية لأن التربية في هذه الحالة تكون مبتورة ، فما نتيجة ذلك ؟

جواب: نعم هناك غالبية من الحالات التي تصيب الأطفال بالاكتئاب واهتزاز الشخصية ، ولكن ذلك لا يقتصر على الأطفال فكم من رجال ونساء مصابين بهذه العوارض ؟ والاكتئاب هو مرض العصر لأن الفراغ والروتينية في عمل الأشياء يشكلان أكبر مشكلة في العصر الحالي . وهو مرض يصيب كل الأعمار . وله علاج . ولا بد من معرفة تنظيم الوقت والتخطيط لقضاء العطل ونهايات الأسبوع . والتخطيط للوقت خلال يوم أو أسبوع أو شهر مهارة لا يتصف بها كثير من الأزواج ، وقد يكون ماهرا

في التخطيط ولكنه تخطيط لنفسه دون أسرته وأطفاله

للأسف فإن هناك الكثير من الآباء يفتقدون إلى الثقافة التربوية مما يحدث خلل في   طريقة تربيتهم لأبنائهم – فما نتائج هذا الخلل؟

جواب: أوافقك الرأي على هذه الفرضية ، فالثقافة هي التوعية والتوعية هي التأهيل وقد قطع علماء النفس وعلماء الاجتماع شوطا طويلا في تقديم أنجع السبل لتربية الأبناء . والخلل في طريقة التربية سببه الخلل في اكتساب مهارات ومعارف وتطبيقات من المختصين ، واعتقد البعض خطأ للأسف أن التربية على الأمهات فقط ، وهذا وهم لا بد من تغييره ، فتربية الأبناء يتشارك فيها الأب والأم . وعلى الوالدين أن يتأهلا في هذا المجال .

وكم سمعنا في الغرب عن الندوات والحلقات الدراسية التي توجه إلى كل فئات المجتمع بعد الدراسة الثانوية فيما يعرف بالتعليم المستمر وخدمة المجتمع . ولا أعتقد أن هناك أسمى هدفا من فهم الأصول التربوية للأبناء . والعصر الذي نعيش فيه يستدعي تعاون الزوج والزوجة في تحمل تبعات التربية وكلاهما يحتاج تأهيلا في إدارة الأسرة وإدارة مثادرها واحتياجاتها .

س. الانحراف من النتائج المتوقعة من جراء طلاق الأبوين وذلك لغياب الرقيب ــ فكيف يكون شكل هذا الانحراف ؟

جواب: ليست هناك دراسات متخصصة في العالم العربي في هذا الشأن ، والطفل لا يراقبه الأب ولا الأم طيلة اليوم ، فهو يتعامل مع الأصحاب ومع الزملاء في المدرسة ، ومع الجيران . فإذا انحرف الطفل فمن الصعب تحديد شكل هذا الانحراف أو أسبابه الرئيسية . والرقابة قد تفيد في مرحلة عمرية ما ، ولكنها قد تخلق مشاكل إذا تمت بجهالة وعدم معرفة وعدم تأهيل .

س. يعتبر الحقد والغيرة الدائمة من الغير أحد النتائج المتوقعة عن التفكك الأسري ــ فما أثر ذلك على الأطفال وعلى مستقبلهم؟

جواب : تثبت البحوث التي أجريت على التماسك الأسري أن الطلاق قد يكون سببا للتفكك الأسري والحقد والغيرة ، أما بالنسبة للسؤال فكما ذكرت سابقا هذه تعميمات أجد صعوبة في الموافقة عليها ، فهناك حالات ناجحة جدا في الأسر المفككة ، وقد الحقد والغيرة لا يدومان طيلة العمر ، والتربية الحديثة قادرة على التعامل معهما فكم من نساء ناجحات ، وكم من رجال ناجحين في المجتمع جاؤوا من أسر متفككة وأنشأوا أسرا مثالية . فالمستقبل لا يعرفه إلا الله ، والبيئة التربوية المتفهمة والمرشدة

قادرة على تغيير سلوكيات البشر ومنهم الأطفال وهم رجال ونساء المستقبل .

س. كيف ينظر أطفال الطلاق أو الأطفال الذين يعانون من مشاكل وتفكك أسري إلى مستقبلهم ؟

جواب: الحيرة والشك حول المستقبل بشكل جدي لا يبدأ عند الأطفال قبل سن العاشرة ، لذا فإن مرحلة المراهقة هي أخطر هذه المراحل وفيها يبدأ المراهق برسم مستقبله الخيالي ويحاول السعي للوصول إلى ذلك المستقبل . والأطفال الذين هم نتاج البيوت المفككة قد (ربما) يكونون أكثر عرضة من غيرهم فيصابون بالانعزالية والانطوائية والاكتئاب وفقدان احترام الذات وفقدان الأمل والخوف من المجهول حول المستقبل المتعارف عليه فيصبح منحرفا لا ينتمي إلى المجتمع .

س. حالة الأم النفسية وعدم استقرارها قد تنعكس على تعاملها مع أطفالها وذلك نسبة للضغوطات التي تعانيها من جراء وصفها الاجتماعي – فكيف ينعكس ذلك على الأبناء وعلى طريقة تربيتهم ؟

جواب: يجب أن نضم الآباء في هذا السؤال ، وهنا يقع اللوم على انطباعات الناس والمجتمع الذي ينظر إلى المرأة (وليس الرجل) على أنها سبب الطلاق وسبب تفكك الأسرة . وهذا انطباع واهم ، بعيد عن الحقيقة ، ولكن كثيرا من الناس تعارفوا عليه ، إلا أنه كما ذكرت فإن بعض الأمهات يعاني من نظرة

المجتمع لهن نظرة نمطية ، وقد يؤثر ذلك على سلوكها الطبيعي مع الأبناء بشكل سلبي أو إيجابي . فليست كل أم ضعيفة ، فمنهن نساء قويات الشخصية لا يتأثرن بما يقول الآخرون . وعلى المرأة الواثقة بنفسها ومن تصرفاتها أن تقف بشموخ لتربي أبناءها ، مع الزوج أو بدونه . لأن كلام الناس لا ينتهي ، ولم يخل قديس في التاريخ من كلام الجهلاء . وأعتبر ما تقوم به المرأة من تربية هو نوع من القدسية الذي يجب أن يجبر الرجل والمجتمع على احترامها والنظر لها على أنها عضو فعال كالرجل في بناء المجتمع والمرأة ليست عالة على الرجل ولا على المجتمع .

فالمرأة كالشمعة تحترق لتنير للآخرين دروبهم . تغيير النظرة النمطية يبدأ بتغيير نظرة الطفل نحو الفتاة في مناهج التدريس ومحتواها وتطبيقاتها وهذا يستدعي تخطيطا واعيا وفهم لمستقبل الأمم والمجتمعات والأسر . وليس من العيب أن نفهم المرأة وندرس عنها وليس من العيب أيضا أن نخطط لتغيير نظرة المجتمع الظالمة لها . وهناك توجه نحو ذلك رغم بطئه ، وتسريعه يعود إلى تبني سياسات تربوية علاجية .

س. في الآونة الأخيرة أصبحت هناك جرائم دخيلة على مجتمعاتنا العربية كقتل الأزواج لبعضهم البعض – وقتل الأبناء لآبائهم ، وكلها نتيجة مشاكل

اجتماعية ـ فما سبب تفشيها بهذا الشكل الملحوظ في الآونة الأخيرة ؟

جواب: نعم أنا معك ، فالمجتمع العربي قبل خمسين عاما ليس هو المجتمع العربي في هذه الأيام ، وخاصة في منطقة الخليج ، فالعمالة الخارجية وخلل التركيبة السكانية الملونة بتراث وتقاليد مختلفة ، والتقدم التكنولوجي يساهم في وجود المشاكل . وقبل خمسين عاما لم يكن التلفاز قد اخترع ولم يكن هناك كمبيوتر أو حاسوب ، ولم يكن هناك سيارات ولا شوارع كاليوم ، وبشكل تلخيصي ، العصر الذي نعيش فيه هو عصر القلق والغضب وعصر الأنانية وجهل التعامل مع التكنولوجيا الحديثة غيرت وأثرت في كثير من العادات والتقاليد وغيرت في سلوكيات البشر . والعصر الحديث يولد الجشع ويزيد من الأنانية وحب الامتلاك وزيادة الجرائم المتصلة بذلك. وفي رأيي أنه إذا لم يكن هناك تأهيل للبشر يعينهم ويجعلهم يفهمون التغيير السريع في التكنولوجيا والتعامل معه على أسس علمية وتطبيقية فإن الجرائم ستزيد وبدلا من التنافس الشريف والعيش حياة كريمة سنرى جرائم دخيلة يغلب عليها الأنانية وحب الامتلاك وفقدان المحبة الأسرية والتناغم والانسجام بين أفرادها .

عرض ضمن برنامج : "حياتنا" ، الأربعاء 2002/1/9 قناة أبوظبي الفضائية .

حول الحب

الغياب بالنسبة للحب كالريح بالنسبة للنار ، فهو يطفيء الحب الصغير ويشعل الحب الكبير .

الحب فوق كل قوة ، ومن أجل ذلك ، لا أرى سببا للفراق .

إذا نظر في عينيك ، وتشعرين بأنك في الهواء طائرة فوق الريح ، وإذا أمسك بيدك وأحببت أن لا يتركها ، وإذا قبل شفتيك ، وشطحت في أحلامك ، فأنت في حب عنيف ، وذلك أجمل شعور في العالم.

الأصدقاء هم الناس الذين يروقون لك في مسيرتك ، ولا تحب أن تؤذيهم .

أنت وهي كل ما تتمناه ، وأنت وأنا كل ما نحلم به ,

حين تعني لك الفتاة كثيرا ، فقبل عقلها قبل أن تقبل شفتاها ، فإنها ستعرف أنك محب مخلص .

أرجو أن أموت قبلك ، لأني لا أريد أبدا أن تعرف كيف حالي بعدك .

جابه الأخطار لما تؤمن به ، فلا يهم أن يقول العالم من المستحيل ، حتى لو فكرت بنفسك أن الأمر لا أمل فيه ، خاطر بنفسك إذا كنت تعتقد بأن ما تكافح من أجله يستحق العناء .

يقولون : أن تكون محبوبا فتخسر أفضل مما أن لا تحب أصلا ، ويمكن تصوير الحب كأنك تلعب على البيانو ، فأوله عليك أن تتعلم كيف تلعب حسب القواعد ، ثم عليك أن تنسى القواعد وتلعب حسب مشاعرك، من خلال فؤادك فحاول أن تكون مبتكرا فكل الناس مثلك ، ولا تظن أنك فريد من نوعك.

Published Books for the author:
In English:
- Crescentology, Theory C. of Conflict Management- English
- Therapy Cases-Arabic
- The Beast In Me, America- English
- Poetry Diwan-English
- Moon Flowers – English
- Personality and Stress Management, Sociotherapy - English
- Arab Palestinians and Jews: Sociological Approach English

In Arabic:

- Arab and Islamic Ethics- Bilingual   التعاليم الأخلاقية العربية والإسلامية
- 55 Stories 4 Kids – 1st edition, Arabic   55 قصة قصيرة للأطفال بالعربية
- Adwa' ala alFikr al-Gharbi –Arabic   أضواء على الفكر الغربي
- 55 Stories 4 Kids – 2nd edition, Arabic
- 28 Arabic Short Stories – Arabic   28 قصة قصيرة بالعربية
- 'Ilm I Ejtima' al-Tatbeeqi, Arabic   علم الإجتماع التطبيقي
- Arabic IQ Test Measurements- Arabic   قياسات الذكاء بالعربية
- Tales From America – Arabic   حكايات من أمريكا بالعربية
- Research Methods - Arabic   مناهج البحث العلمي بالعربية
- Theory C, al-Nathariyyah al-Qamariyyah – Arabic نظرية سي القمرية بالعربية
- Diwan Bahr-l-Amani – Arabic Poetry   ديوان بحر الأماني بالعربية
- Diwan al-Qadar – Arabic Poetry   ديوان القدر بالعربية
- Maqalat On Social Development – Arabic   مقالات في التنمية بالعربية
- Lawlaki, Arabic Poetry,   ديوان لولاك شعر بالعربية
- Zawjatu al-Sultan, Short Arabic Stories,   زوجة السلطان مجموعة قصصية بالعربية
- 2000 Bayt, Min Oyoon al-Shi'r al-Arabi, Arabic
- Zawjat Lil-Bay's, Arabic version-, 2009   زوجات للبيع ، مقالات عن المرأة
- Al-Zawaj wal-Jinse fil-"Alam, 2009 (Arabic version)   الزواج والجنس في العالم – بالعربية.

www.hasanyahya.com

In addition, the author has 200 plus articles may be found on articlesbase, amazines and www.hasanyahya.com